connaissance
D'UNE ŒUVRE

Beaumarchais

LE BARBIER DE SÉVILLE

Véronique ANGLARD
AGRÉGÉE DE LETTRES MODERNES

Bréal éditions
1, rue de Rome - 93561 Rosny Cedex

Dépôt légal : juillet 1999.
ISBN 2 84291 432 5

AVANT-PROPOS

Beaumarchais ou l'esprit en marche

Autodidacte, homme d'affaires audacieux, mais surtout contestataire par nature, Beaumarchais traduit les aspirations de son siècle. Son énergie et ses talents multiples le classent du côté du peuple et son **Figaro représente le tiers état** en lutte contre les blocages sociaux. Son auteur a tenté de gravir les échelons de la hiérarchie, même s'il lui a fallu plusieurs fois les redescendre. Certes, le contenu du *Barbier de Séville* et du *Mariage de Figaro* n'est pas, à proprement parler, révolutionnaire. Mais, comme homme, Beaumarchais incarne une forme de résistance aux rapports de pouvoir qui nient la libre revendication des choix personnels.

> « Qu'étais-je donc? demande-t-il dans son *Apologie pour lui-même*. **Je n'étais rien que moi**, et moi tel que je suis resté, **libre au milieu des fers**. »

Cette présentation répond à l'exacte définition de Figaro en personne : un homme libre, à la fois dans et en dehors de tous les systèmes. Beaumarchais participe à la révolution culturelle qui caractérise son époque. Au théâtre, il innove en contestant les codes formels représentatifs des carcans sociaux.

L'individu, de préférence un roturier autodidacte, cultivé, domine l'action et impose son ordre, celui du désir et de la jeunesse, dans une société formaliste et réactionnaire.

Nous avons centré notre étude du Barbier de Séville sur l'analyse de ce pouvoir corrosif de l'esprit, au confluent de l'intelligence et de la raillerie. Plus moraliste réaliste que philosophe, Beaumarchais incarne, avec son **Figaro, une figure de la tradition démocratique** toute en nuances. Sa gaieté défie tous les conformismes obtus comme tous les fanatismes sectaires.

SOMMAIRE

I

REPÈRES

1 - LE CONTEXTE DE L'ŒUVRE

■ Situation de la dramaturgie au XVIIIe siècle

Le modèle classique en décadence

Reposant sur une vision du monde fataliste et déterministe, le sens du tragique se perd ; à l'inverse, le drame semble promis à un bel avenir en ces temps de bouleversements sociaux, parce qu'il laisse possible l'action de l'homme sur le monde tout en ouvrant sur un dénouement incertain, heureux ou funeste.

Shakespeare, dramaturge anglais du XVIIe siècle, affirme son influence grandissante sur le théâtre français. En outre, se développent des pièces à machines, à grands effets, dont les auteurs cherchent artificiellement à suppléer à la perte du sens. Enfin, la recherche de l'émotion repose sur un postulat propre au siècle des Lumières : la force du cœur, sa vérité, viennent de l'intime conviction.

L'évolution de la dramaturgie

Au siècle des Lumières, la dramaturgie évolue non en fonction des théories esthétiques produites par les érudits ou par des auteurs, mais en fonction des conditions matérielles de la représentation. « **La différenciation entre les genres est beaucoup plus nette au XVIIIe siècle qu'au XVIIe**, dit Jacques Schérer (voir biblio. p. 11). [...] Au contraire, au XVIIIe siècle, il s'établit une hiérarchie des théâtres, dont chacun a son genre de pièces attitré et son public. » En effet, la concurrence s'avère très rude entre les différents théâtres, qui tentent d'attirer un public exigeant et avide de spectacles.

À cette époque, la règle des trois unités, action, temps et espace, s'assouplit. Les dramaturges privilégient leur perception – marquée par leur époque – d'une réalité qu'ils voudraient transposer sur scène. D'un siècle à l'autre, l'abstraction cède la place à une **volonté de réalisme** qui, de manière paradoxale, se traduit par la recherche d'effets dramatiques complexes – dans la psychologie et la mise en scène. Aux principes de rationalité et de vraisemblance se substitue la notion d'intérêt : les auteurs du XVIIIe siècle veulent en effet **toucher le spectateur**, en réalisant des drames émouvants : verser des larmes fait partie du plaisir théâtral.

Toujours déconsidérée par rapport à la tragédie, la comédie séduit par son dynamisme et les allusions socio-politiques, mais aussi par les sous-entendus libertins, voire salaces. En effet, le principe de l'intrigue repose moins sur la cohérence interne de l'action que sur la multiplication des péripéties et rebondissements. Ainsi, l'unité d'action subsiste mais admet la multiplication des fils secondaires dans une intrigue complexe. L'unité de temps perd de sa rigidité ; quant à celle de lieu, elle perd une légitimité que les théoriciens avaient imposée en dépit de multiples contestations. Toujours au nom du naturel et du réalisme, les dialogues adoptent un rythme très enlevé, dynamique et n'admettent que de courtes tirades ou monologues. Le XVIIIe siècle est, en effet, l'époque de la conversation à bâtons rompus par excellence.

Le Barbier de Séville **traite, sous le mode comique, les grands sujets dramatiques du XVIIIe siècle**. En effet, la condition faite à Rosine par son tuteur, légitime le désir de liberté manifesté par la pupille persécutée. Au dénouement, elle se marie avec un jeune homme de son âge. Dans *Le Mariage de Figaro*, la question de la famille, métaphore de la société tout entière, renvoie à l'interrogation sur la légitimité des rapports entre individus.

Beaumarchais s'inscrit dans la mouvance de Diderot, auteur et théoricien qu'il admire. Il entame sa carrière avec deux drames, *Eugénie* et *Les Deux Amis* (voir biographie) ; puis il réalise une trilogie qui réunit deux comédies et un drame. Il affirme la réversibilité des genres dramatiques : pour lui, une même situation peut se prêter à des développements tragiques ou comiques. Mieux encore, dans « Un mot sur *La Mère coupable* » (1792), il souligne la parenté de sa trilogie avec le genre romanesque : « J'approuve (le projet) de présenter, en trois séances consécutives, **tout le roman de la famille Almaviva**. » L'œuvre s'inscrit de plus en plus dans l'histoire contemporaine et révèle l'évolution suivie par l'ensemble de la société française : les Almaviva s'embourgeoisent.

■ Le drame bourgeois

La volonté de réalisme

Au XVIIe siècle, la vraisemblance constituait le critère fondamental de la représentation réaliste ; le siècle suivant lui substitue la sensibilité ; cependant, l'une et l'autre s'avèrent subjectives. Les dramaturges du XVIIIe siècle affirment la volonté de créer l'**illusion théâtrale** et de **produire une impression de réalisme**. Or, comment imiter la réalité ? Quels sujets choisir ? Et comment les traiter ? Pour Aristote, philosophe de l'Antiquité grecque, il faut non tant reproduire la forme sensible des êtres et des choses que saisir leur principe, leur âme ; l'artiste de talent compose son œuvre d'après un modèle réel mais en référence à une forme idéale. Les auteurs français du XVIIIe siècle semblent avoir commis la même erreur d'interprétation que les théoriciens classiques, et confondu l'imitation avec le prétendu décalque d'une vision du monde historiquement datée.

Le drame bourgeois prend acte de la lassitude du public pour les œuvres classiques alors considérées comme artificielles et conventionnelles. Les sujets s'inspirent d'une **réalité très ordinaire** ; les auteurs n'hésitent pas à aborder les problèmes d'argent, considérés comme tabous au siècle précédent. En effet, **les personnages**, des roturiers, se définissent par **leur condition sociale**, à l'intersection de leur situation familiale et de leur profession – peut-être doit-on à l'influence du drame le fait que Figaro exerce le métier de barbier. Le renouvellement de l'esthétique théâtrale, induit une redéfinition du style dramatique. Théoricien du drame, Diderot développe une **esthétique du tableau** et préconise le recours à la pantomime. Il préfère la prose au vers, et définit le **style haletant** censé traduire les mouvements de l'âme sensible par l'exploitation des modalités affectives (exclamations et interrogations).

Cependant, même si ses auteurs affichent la volonté d'éviter l'académisme et le conformisme, le drame multiplie les situations conventionnelles ; répertoire dans lequel Beaumarchais puise largement dans ses comédies : mariage secret, scène de reconnaissance, avec, surtout, l'appel décisif de la voix du sang, etc.

La recherche d'un effet émotionnel moral

Le drame naît en partie de la comédie sensible de Nivelle de la Chaussée : il convient de toucher le spectateur, de **jouer sur les émotions** plus que sur le langage conceptuel. Après la représentation de sa pièce, *Eugénie*, à la Comédie-Française, le 29 janvier 1767, Beaumarchais justifie son œuvre en écrivant l'*Essai sur le genre dramatique sérieux.* Il se propose de définir un genre « intermédiaire entre la tragédie héroïque et la comédie plaisante » ; il l'appelle **le drame sérieux**. Il s'inscrit dans la mouvance de Diderot, qui, d'après lui, aurait joué un rôle déterminant dans son intérêt pour le théâtre.

Genre hybride, le drame suscite les critiques. Les dramaturges et théoriciens hésitent entre plusieurs termes possibles : « tragi-comédie », « tragédie bourgeoise », « comédie larmoyante ». Voltaire lui reproche son caractère équivoque. Beaumarchais remet en question ce préjugé esthétique qui conduit à présenter comme noble un genre très codifié. Il attaque les sujets tragiques, empruntés à l'Antiquité ; d'après lui, seul nous touche ce qui nous est proche. Il prétend ne pas tant s'adresser à un public restreint d'érudits qu'à un parterre de spectateurs qu'il cherche moins à faire discuter ou raisonner, qu'à réagir affectivement pour les engager sur la voie de la réflexion morale. L'émotion est pour lui la chose du monde la mieux partagée. Il substitue à une pratique élitiste une démarche ouverte, si ce n'est démocratique. Beaumarchais se donne comme but essentiel d'**intéresser le public à agir sur ses émotions** et à l'inciter à adopter un comportement moral. La compassion du public pour les infortunes des personnages lui permettrait d'agir sur sa conscience et de passer du cas particulier (illustré par le personnage auquel le spectateur s'identifie), au général, c'est-à-dire à la morale collective.

Beaumarchais partage avec les philosophes des Lumières le souci d'accéder à l'universel et de moraliser les consciences. En effet, il dénonce l'immoralité de la comédie, qui rend le spectateur complice d'un héros trop souvent fripon. De même, dans sa *Lettre à d'Alembert* sur les spectacles, Rousseau souligne la nécessité de **moraliser le théâtre** ; il critique le caractère apprêté des œuvres dramatiques françaises, leur absence de naturel et leur conformisme sociopolitique ; il célèbre un théâtre idéal, tout de participation populaire, sans auteur, sans acteurs, sans texte, sans barrière... Il ouvre la voie à la fête révolutionnaire, qui vise à tremper le sentiment patriotique dans la communion populaire.

Mais, infiniment adaptable, ouvert à la critique, Beaumarchais n'est pas à une palinodie près. Dans sa « Lettre modérée » écrite après seize représentations du Barbier, il affirme être revenu à une « franche » comédie après le double échec d'*Eugénie* et des *Deux Amis.*

▪ Le renouvellement de la comédie

Au XVIIe siècle, Molière porte à sa perfection la comédie de caractère : ses pièces mettent en scène un personnage affecté d'un défaut, telle l'avarice, ou d'une manie (la préciosité, l'hypocondrie). L'exploitation de la rigidité caractérielle constitue chez lui un ressort comique puissant.

La comédie au XVIIIe siècle

Au XVIIe siècle, la comédie de caractère retire ses effets de l'analyse d'un défaut, devenu une passion dominante (comme l'avarice ou l'hypocondrie). Elle procède du choc de personnalités affirmées, comme celle d'Alceste, le misanthrope, confronté à Célimène, la coquette. Le modèle défini par Molière perd peu à peu de l'importance. « Le spectacle est désert quand on joue ses comédies, affirme Voltaire, et il ne va plus personne à ce même Tartuffe qui attirait autrefois tout Paris ». Les Lumières privilégient le mouvement et promeuvent la **comédie de situation**, montrant un caractère en voie de constitution. Marivaux donne à voir les complexités psychologiques et la difficulté à distinguer le naturel de l'artifice.

Beaumarchais définit lui-même son *Barbier* comme « une espèce d'imbroille » car il conçoit ses comédies comme un **mécanisme dynamique** ; il adapte la comédie aux mœurs d'un siècle en constante évolution. À travers la figure de Figaro, un valet plein d'esprit et de ressources, il conteste l'ordre social qui ne reconnaît pas le talent et ne le rétribue pas à son juste mérite. Il remet en question les caractères constitués une fois pour toutes. Du *Barbier de Séville* au *Mariage de Figaro*, Beaumarchais finit par pulvériser la notion même de personnalité constituée une fois pour toutes. Pour lui, la dramaturgie éclaire la constitution d'un caractère en situation. Aussi la trilogie ouvre-t-elle la voie au roman.

Il fonde son esthétique théâtrale sur le principe de **la « disconvenance » sociale**, ou l'inadéquation de la situation au caractère : le comique ne naît plus d'une obsession monomaniaque, mais de l'absence de rapport logique entre la personnalité supposée d'un individu et sa façon de réagir à une situation inadaptée à son état : « J'ai pensé, je pense encore, affirme-t-il, qu'on n'obtient ni grand pathétique, ni grande moralité, ni bon et vrai comique au théâtre, sans des situations fortes et qui naissent toujours d'une disconvenance sociale dans le sujet qu'on veut traiter. » Ainsi, dans *Le Barbier de Séville*, Bartholo le jaloux agit contre ses intérêts en confiant son trousseau de clefs à son barbier. Plus encore, dans *Le Mariage de Figaro*, on attendrait d'un Grand d'Espagne qu'il se conduise dignement, comme un noble ; or, Almaviva affirme un comportement de libertin corrupteur. Beaumarchais critique par l'exemple « une foule de vices et d'abus ».

2 - BIOGRAPHIE DE BEAUMARCHAIS (1732-1799)

▪ Le fils d'un horloger (1732-1760)

Septième d'une famille de dix enfants dont quatre mourront en bas âge, Pierre-Augustin Caron naît le 24 janvier 1732, rue Saint-Denis, à Paris, dans une famille d'artisans qui croit au principe de la réussite par le travail (effort plus manuel qu'intellectuel). Protestant converti au catholicisme, le père est horloger et son seul fils fait des études courtes à l'école des métiers d'Alfort (1742-1745). Dès 1745, il apprend le métier d'horloger et fait le joli cœur. Son irrépressible inclination pour la musique et la dissipation l'aveugle sur les questions de morale, puisqu'il dérobe de l'argent pour acheter une guitare et financer ses plaisirs. Ulcéré, le père chasse l'indigne rejeton, qui, tel le chevalier des Grieux dans le roman de l'abbé Prévost, gagne sa vie en trichant au jeu dans des tripots. Mais il obtient le pardon paternel en jurant une stricte observance de la morale.

Désormais ouvrier repenti, il invente un procédé dit d'« échappement », pour régler la détente du ressort des montres. Or, l'horloger du roi, un certain Lepaute, tente de lui dérober son invention et s'en prétend l'auteur. Mais le jeune homme se défend et obtient de l'Académie des Sciences (1753) la reconnaissance de son talent face à son rival qui se trouve évincé. Très tôt, le futur dramaturge affirme son habileté technique et son habileté persuasive ; surtout, il impose le fait que, pour lui, les idées possèdent une valeur à part entière et représentent un potentiel non négligeable. Le roturier tient à ce qu'on reconnaisse son talent personnel. Sa réputation le fait admettre à la Cour.

Il noue une liaison avec Madeleine-Catherine Franquet, âgée de trente-trois ans et mariée à un Contrôleur clerc d'office (attaché à la table du roi), qui lui vend sa charge avant de décéder d'une crise d'apoplexie. En 1756, Pierre-Augustin épouse sa maîtresse, prend le nom de Beaumarchais, qui désigne une des terres de la dame. Cette dernière rédige un testament en faveur de son jeune époux puis meurt d'une fièvre foudroyante (1757), avant d'avoir pu faire enregistrer ses dernières volontés. Le jeune horloger se retrouve sans ressources matérielles ; mais il ne manque pas de ressort. Mesdames, filles de Louis XV, raffolent de lui. Il les séduit par son habileté technique, mais aussi par ses tours de prestidigitateur et son esprit brillant. **Maître de musique et factotum**, il se trouve propulsé sur le devant de la scène parisienne et, comme son héros Figaro, il multiplie les petits métiers. Il prend le ton de la cour et lit les auteurs classiques (Rabelais, Molière, mais aussi Voltaire, son contemporain).

▪ Un arriviste fantaisiste (1760-1766)

En 1760, Beaumarchais intrigue et obtient que le roi reconnaisse l'École militaire fondée par le financier Pâris Duverney. En récompense, le banquier l'associe à ses affaires et fait sa fortune. Pierre-Augustin entame la rédaction de divertissements destinés à égayer les réceptions de Charles Lenormand d'Etioles ; ces petites pièces illustrent le genre, issu du comique réaliste fort à la mode alors, des parades de foire. Mais il songe à s'élever encore plus haut sur l'échelle sociale : il achète la charge de Conseiller-secrétaire de la Maison du Roi.

À cause de son ancien métier d'horloger et de la bassesse de son extraction sociale, il ne parvient pas à exercer la charge de Maître des Eaux et forêts qu'il briguait. Il se rabat sur une magistrature plus modeste et devient Lieutenant-Général de la Capitainerie de la Varenne du Louvre (1763). Il s'installe rue de Condé.

Toujours porté par la volonté de réussir et de faire fortune, il se rend en Espagne (1764) afin de négocier, pour le compte de Pâris Duverney, un marché en Louisiane, devenue espagnole l'année précédente. En outre, il veut rétablir l'honneur d'une de ses sœurs, séduite par un certain Clavijo, qui s'apprête à l'abandonner. Mais Beaumarchais ne parvient pas à réaliser les affaires commerciales dont il rêvait. Il rentre en France et tente encore le sort en achetant la concession des coupes de la forêt de Chinon ; sa charge lui interdit de réaliser cette acquisition pour son compte : il réalise l'opération au nom de son valet qui, faute de remerciements sonnants et trébuchants, se mêle de réclamer les bénéfices. Le maître se répand en critiques peu flatteuses pour les valets dont il dénonce « l'amour du mal lui-même ».

■ Intrigues dramatiques et manœuvres judiciaires (1767-1774)

Inspiré par les infortunes espagnoles de sa sœur, Beaumarchais fait, en 1767, ses premières armes dans la carrière théâtrale avec un drame bourgeois : *Eugénie*. La pièce raconte l'histoire d'une pauvre fille, d'abord séduite et abandonnée par un grand seigneur qui finit néanmoins par réparer son infamie ; mais une cabale est fomentée par la censure, alarmée par le personnage d'un aristocrate suborneur. Le drame rencontre un échec total. L'auteur corrige son texte pour séduire le public ; on y pleure beaucoup, suivant la mode, fort lacrymale, de l'époque. Le dramaturge se double d'un théoricien : pour défendre sa pièce, le jeune auteur publie l'*Essai sur le genre dramatique sérieux*. Deux ans après, il donne un deuxième drame « pour honorer les gens du tiers état » : *Les Deux Amis* ou *Le Négociant de Lyon* fait du point d'honneur commercial le centre d'une intrigue nouée par la faillite d'un négociant sauvé par son ami, lui-même protégé par un troisième larron. L'insuccès parisien de la pièce tient au tabou qui frappe l'argent dans la société française, mais aussi, au manque d'intérêt de l'entreprise.

Pendant ce temps, Beaumarchais se marie (1768) et, l'année suivante, devient père d'un petit Augustin. Il poursuit ses mauvaises affaires à Chinon, aidé par le financier Pâris-Duverney, qui lui signe un prêt sans intérêt et qui décède peu après (1770). Son neveu et héritier, le comte de la Blache, accuse de falsification Pierre-Augustin, qui perd sa femme (1770), puis son fils (1772). Ce nouveau procès s'ajoute à celui que les héritiers de sa première femme avaient déjà intenté à Beaumarchais. Décidément peu favorisé par la fortune, ce dernier se voit chercher querelle par un jeune et violent aristocrate, **le duc de Chaulnes**, proche du trône. Le tribunal expédie le duc, l'agresseur, en prison au fort de Vincennes et lève les arrêts de Beaumarchais ; mais le duc de La Vrillière, chargé des affaires d'honneur, envoie ce dernier à la prison de Fort-l'Evêque.

Cette affaire prouve, une fois encore, l'arbitraire du régime, qui éloigne Pierre-Augustin du tribunal où se jugent ses affaires. Il obtient un régime de liberté surveillée et tente de circonvenir son juge, un certain **Goëzman, à la dévotion du comte de la Blache**. Ce dernier a si bien corrompu le magistrat que Beaumarchais n'obtient pas même une audience. Il tente un dernier recours auprès de Mme Goëzman.

Moyennant cent louis, il s'entretient brièvement avec le juge, déjà décidé à lui faire perdre son procès. Il sollicite un second rendez-vous, fait parvenir à Mme Goëzman des cadeaux dont elle retient quinze louis à l'intention d'un secrétaire, sans pour autant ménager une entrevue au solliciteur avec son mari.

Le tribunal donne tort à Beaumarchais, dès lors acculé à la ruine. Or, à cette époque, le roi avait supprimé les anciens parlements, composés de magistrats propriétaires de leurs charges. À l'instigation du duc d'Aiguillon et du chancelier Maupéou, il avait constitué de nouveaux parlements, dit parlements Maupéou, détestés de l'opinion et que Pierre-Augustin met de son côté : il obtient la preuve que Mme Goëzman a conservé les quinze louis pour elle et il exige la restitution de cette somme. Il dénonce certains de ces agissements en publiant **d'étincelants *Mémoires***, chefs-d'œuvre de polémique où il dénonce la corruption et l'arbitraire de la justice. Ses adversaires ne s'en relèvent pas ; mais cet éclat contribue aussi à déconsidérer le régime en place, d'autant que Beaumarchais est lui aussi **blâmé**, c'est-à-dire condamné à la mort civile, donc placé dans l'incapacité d'obtenir la révision de son procès. Le 26 février 1774, il est porté en triomphe.

Mis au fait de la parution imminente d'un libelle intenté contre la comtesse du Barry, maîtresse du roi Louis XV, il suggère au souverain de le laisser négocier avec l'auteur l'arrêt de la parution, en échange de la levée des délais imposés pour obtenir sa réhabilitation. Par malheur, le monarque disparaît ; Beaumarchais prétend devoir s'entremettre pour éviter la publication d'un libelle dénigrant la jeune reine Marie-Antoinette. L'affaire n'est pas claire, mais il réussit à se faire remarquer. En juin, l'agent secret Beaumarchais se rend à Londres et détruit un pamphlet contre Mme du Barry, maîtresse de Louis XV. Il pourchasse jusqu'à Vienne l'auteur du pamphlet sur la stérilité du mariage de Louis XVI avec Marie-Antoinette. Incarcéré, il est libéré sur l'intervention du ministère français.

■ La période faste des réussites dramatiques (1775-1784)

De retour à Paris, il fait enfin jouer, en 1775, sa première comédie : *Le Barbier de Séville*, qu'il a terminée en 1772 et que la Comédie-Française avait reçue l'année suivante dans sa première version d'opéra-comique ; mais l'incarcération de l'auteur ayant empêché sa représentation, elle se solde par un nouvel échec. Beaumarchais ne renonce pas : il remanie sa pièce, l'allège d'un acte et obtient un éclatant triomphe avec cette « franche comédie ».

Toujours mandaté par le pouvoir royal, il part pour Londres, récupérer la correspondance diplomatique de Louis XV détenue par un espion, le chevalier d'Eon, célèbre pour sa réputation – savamment entretenue – d'androgyne. Beaumarchais réussit dans cette entreprise et sa situation personnelle s'éclaircit. En décembre 1775, un arrêt casse le jugement de 1773 et renvoie le procès dans une autre juridiction ; Beaumarchais obtient sa réhabilitation le 6 septembre 1776. En outre, il a pu prendre la mesure des événements qui préparent la révolution des colonies anglaises en Amérique du Nord. Il cherche à convaincre Louis XVI et Vergennes que la France a un rôle à jouer dans le soulèvement imminent des Insurgents, colons américains révoltés contre l'Angleterre. Le gouvernement français le charge secrètement d'organiser les secours. Il décide de monter une maison de commerce et équipe une flotte pour porter secours aux Américains ; mais ces derniers contesteront (1778) les sommes dues et le litige ne sera réglé qu'en 1835, dans des conditions désavantageuses pour ses héritiers. Préservé de la ruine par le gouvernement français, Beaumarchais ne jouit pas d'une situation financière très reluisante.

II prend la tête des auteurs (1777) en conflit avec la Comédie-Française. Il fonde la **Société des auteurs dramatiques**. Ensuite (1780), il entreprend de **publier les Œuvres complètes de Voltaire**. De 1776 à 1780, il écrit *Le Mariage de Figaro*, dont le roi prend connaissance et refuse la représentation (1782) : « C'est détestable, cela ne sera jamais joué, il faudrait détruire la Bastille pour que la représentation de cette pièce ne fût pas une inconséquence dangereuse. Cet homme se joue de tout ce qu'il faut respecter dans un gouvernement. » Beaumarchais reprend son texte, le remanie de manière à édulcorer les audaces les plus manifestes, mais aussi à adoucir les gaillardises de foire ainsi que les allusions trop directes à ses préoccupations économiques ; il situe l'action en Espagne. Il se livre alors à des lectures publiques afin de gagner l'opinion aristocratique. Mais un second censeur donne un avis défavorable.

Certains nobles, influents à la cour, organisent une représentation privée – ils en avaient les moyens et c'était la seule manière, à l'époque, de contourner les théâtres royaux. Elle a lieu le 13 juin 1783 aux Menus-Plaisirs. Mais, le soir même, l'interdiction intervient au moment où l'on s'apprête à lever le rideau. Puis, la pièce est jouée sur plusieurs scènes privées : elle est lue et approuvée par quatre censeurs, puis par un tribunal littéraire et mondain composé de plusieurs personnalités importantes. Le 27 avril 1784, la première représentation publique remporte un immense succès ; elle sera suivie de soixante-huit représentations – ce qui est considérable à cette époque.

▪ La sombre fin d'un ambitieux devenu suspect (1785-1799)

L'année suivante (1785), Beaumarchais fonde la Compagnie des Eaux, pour installer l'eau courante dans Paris. Il répond faiblement aux attaques de Mirabeau, porte-parole d'une compagnie rivale. Puis (1787), il donne un opéra, *Tarare*, qui obtient un succès honorable. Cependant, son étoile pâlit sur la scène publique. Il se compromet dans l'affaire Kornman (1787). À la veille de la Révolution il est devenu très impopulaire. La maison, au luxe tapageur, qu'il fait construire dans le quartier populeux de la Bastille aggrave son discrédit. « Patriote » modéré, il préside le district des Blancs-Manteaux (1789). Mais ses ennemis, influents auprès des nouvelles autorités, le poursuivent de leur haine.

La troisième pièce de sa trilogie, *La Mère coupable*, drame larmoyant, est un échec (1792). Le ministère de la Guerre charge Beaumarchais d'acheter des fusils entreposés en Hollande ; mais, jaloux de cette concurrence, des fournisseurs aux armées le dénoncent et le font arrêter. Libéré sur l'intervention d'une de ses maîtresses, il échappe de peu aux massacres qui eurent lieu dans les prisons. Commissaire de la République et proscrit tout à la fois, menacé d'assassinat, il échappe de justesse à la guillotine (1793) et se réfugie à Hambourg (1794). De retour en France en 1796, ruiné, couvert de dettes, il réclame à l'État le remboursement des sommes dues pour l'affaire des fusils. Le litige ne sera jamais réglé. Reprise en 1797, *La Mère coupable* remporte un succès populaire. Deux ans plus tard, le 17 mai 1799, Beaumarchais meurt subitement. Il est enterré dans son jardin en présence de ses amis. A la suite des travaux d'urbanisme réalisés en 1822, ses restes seront transférés au Père-Lachaise.

Beaumarchais, *Essai sur le genre dramatique sérieux*, O.C., Gallimard, « Pléiade », 1988, pp. 125-127 :

« **Que me font à moi, sujet paisible d'un État monarchique du XVIIIe siècle, les révolutions d'Athènes et de Rome ?** Quel véritable intérêt puis-je prendre à la mort d'un tyran du Péloponnèse ? Au sacrifice d'une jeune princesse en Aulide ? Il n'y a dans tout cela rien à voir pour moi, aucune moralité qui me convienne. Car qu'est-ce qu'une moralité ? C'est le résultat fructueux et l'application personnelle des réflexions qu'un événement nous arrache. Qu'est-ce que l'intérêt ? C'est le sentiment involontaire par lequel nous adaptons cet événement, sentiment qui nous met en la place de celui qui souffre, au milieu de sa situation (...) [qui] achèvera de rendre mon idée sensible à tout le monde.

La gaieté légère nous distrait ; elle tire, en quelque façon, notre âme hors d'elle-même, et la répand autour de nous : on ne rit bien qu'en compagnie. Mais, si le tableau gai du ridicule amuse un moment l'esprit au spectacle, l'expérience nous apprend que **le rire qu'excite en nous un trait lancé meurt absolument sur sa victime, sans jamais réfléchir jusqu'à notre cœur**. »

3 - LE CADRE DE L'ŒUVRE

■ Beaumarchais et la philosophie des Lumières

Le théâtre, reflet des évolutions sociopolitiques

Reflet des réalités sociales, l'évolution du théâtre rend compte, avec un léger décalage exigé par les nécessités de la symbolisation littéraire, des transformations économiques et politiques survenues au cours du XVIIIe siècle. En effet, en **1715**, la mort de Louis XIV sonne le glas de l'austérité qui marque la fin de son règne depuis 1685. Une nouvelle période s'ouvre et s'achève en **1799**, avec la fin du Directoire et les débuts du mélodrame. Entre temps, les hésitations de la dramaturgie témoignent de la promotion de la bourgeoisie et des bouleversements de l'ordre sociopolitique. Aux environs de **1750**, la querelle des Bouffons oppose, dans le domaine musical, les partisans de l'harmonie française et les adeptes de la mélodie italienne ; les dramaturges tentent de promouvoir de nouvelles formes, dont le drame bourgeois.

Réductrice par définition, l'histoire littéraire ne rend pas toujours compte de l'engouement des contemporains pour le théâtre et de la richesse de la création au XVIIIe siècle. À une époque contestataire, la scène devient une tribune où s'expriment des opinions ; mais elle témoigne aussi de l'inclination aux plaisirs et du brillant de la conversation qui caractérisent cette période.

Un roturier en mal de promotion sociale

Homme du **compromis idéologique**, Beaumarchais est un libertin moraliste à la personnalité tout en contrastes dynamiques. Il ne saurait prendre un parti définitif et choisir une autre voie que celle de la vie. Aussi ne doit-on pas le considérer comme un penseur engagé au même titre que Rousseau dans le combat philosophique. Tout d'abord, le père de Figaro n'a pas l'esprit philosophique ; il « ose » des innovations, pas toujours très heureuses, mais quoi qu'il en soit, destinées à s'intégrer dans le mouvement de l'évolution générale. Homme du progrès, il ne saurait s'inféoder à la défense d'un parti ou d'un autre. Les Lumières traduisent, en effet, la vision du monde développée au XVIIIe siècle par les philosophes bourgeois, tels que Voltaire, Rousseau et Diderot.

« *Le Mariage de Figaro*, dira Bonaparte, c'est déjà la Révolution en action ». Ce à quoi l'auteur rétorque :

« Critiquer et blâmer quelques lois n'est pas renverser toutes les lois : autant vaudrait accuser quelqu'un d'assassiner les malades lorsqu'il montre les fautes du médecin. » D'après lui, la politique, « une sublime imposture », relève d'une pratique impure. Pour la fonder, dans l'idéal, il faudrait pouvoir l'asseoir sur **une morale étayée par l'ordre naturel**.

Toute la difficulté consiste à identifier les éléments entrant dans la définition de la nature humaine... Certes, Beaumarchais prête à l'homme une bonté originelle bien que – non sans lucidité –, il le juge capable de manquer de vertu civique par égoïsme. Il s'accorde en cela avec Montesquieu : la monarchie constitue le meilleur gouvernement possible pour la France. Mais les mœurs du temps interdisent à la noblesse, désormais déchue et corrompue, de jouer un rôle positif dans la société. Cependant, même si Almaviva joue un rôle critiquable dans *Le Mariage de Figaro*, il n'en conserve pas moins sa dignité et ne saurait s'assimiler à un roué quelconque ou à un séducteur libertin d'envergure comme Valmont, héros des *Liaisons dangereuses* de Laclos. En fait, les auteurs dramatiques, au XVIIIe siècle, pratiquent tous la satire à l'encontre des Grands comme des bourgeois. « De là chez Beaumarchais, affirme Pierre Larthomas (voir biblio. p. 103), dans les deux chefs-d'œuvre espagnols, ces répliques cinglantes dont on a peut-être exagéré la force et l'originalité ».

Le goût de la contestation

Dès son adolescence, le jeune Augustin apparaît comme un contestataire, désireux de faire valoir ses droits personnels - en témoigne sa réaction lors de son opposition à Lepautre, qui tente de lui dérober son invention (voir I. 2. Biographie). Autodidacte, ambitieux, Beaumarchais songe à « parvenir » : plus qu'il ne le conceptualise, **il anticipe le mouvement de pro-**

motion sociale, propre à la société bourgeoise – notamment représenté au siècle suivant par Balzac et ses héros. Il ne supporte pas l'immobilisme de la société monarchique, fondée sur la distinction entre trois ordres toujours distincts en dépit des efforts déployés par les roturiers pour se frayer un passage dans le camp retranché de l'aristocratie, soucieuse de préserver ses privilèges. De manière générale, l'auteur de Figaro ne tolère pas l'injustice - surtout celle dont il souffre. Son personnage de prédilection incarne à merveille son dynamisme progressiste.

Pour Beaumarchais, le gouvernement idéal recherche le bien-être des gouvernés, et respecte donc la liberté humaine. Aussi, dans ses comédies, le moteur de l'action trouve-t-il sa dynamique dans la résistance aux abus. Mais son humanisme se concilie aisément avec le maintien d'une autorité que, comme les philosophes des Lumières, il juge nécessaire à l'équilibre social et à la sérénité publique. Il met en avant la bourgeoisie, instruite et active (*Les Deux Amis*) ; cependant, il ne songeait guère à renverser la monarchie.

Toutes proportions gardées, **Beaumarchais traduit la sensibilité de son époque jusque dans ses ambiguïtés**. Il cultive le goût de la polémique, mais il n'envisageait certes pas d'en venir aux dernières extrémités, soit à la violence révolutionnaire. Même s'il convient de ne pas prendre ses propos au pied de la lettre, il semble dans le vrai lorsqu'il affirme renouveler le genre dramatique plus que chercher à renverser le régime.

■ La genèse du *Barbier de Séville*

La censure au XVIII*e siècle : une gestation complexe*

Le Barbier de Séville produit, à la lecture et à la représentation, une impression de légèreté aérienne ;

a priori, la pièce semble presque hériter de l'improvisation propre à la comédie italienne. Et pourtant, l'élaboration de cette œuvre s'avère complexe : inspirée à l'auteur par son expérience de la parade, elle prend d'abord la forme d'un intermède espagnol puis d'un opéra-comique, et enfin d'une comédie. Cette genèse témoigne de la perméabilité des genres dramatiques de l'époque, mais aussi de la capacité de Beaumarchais à synthétiser de manière originale les apports traditionnels du théâtre populaire.

Au XVIIIe siècle, une œuvre devait passer l'épreuve de la censure : celle du gouvernement – qui incite Beaumarchais à corriger les noms de ses ennemis personnels lorsqu'il veut se venger d'eux par quelque allusion maligne. La censure des comédiens, gens capricieux, était plus forte encore et la lecture à la Comédie-Française représentait une épreuve difficile à surmonter.

Les rapports de Beaumarchais avec les comédiens français n'étaient pas excellents ; il se heurta au refus de chanter l'ariette de Rosine ; il eut à se plaindre d'une coupure de la tirade sur la destinée des femmes à laquelle Beaumarchais tenait beaucoup. Enfin, comme en témoigne le premier échec du *Barbier* en cinq actes, une pièce n'était vraiment terminée qu'après avoir reçu la sanction du public.

Le souvenir des parades populaires

D'après Pierre Larthomas, spécialiste du théâtre du XVIIIe siècle, rien ne prouve l'existence d'une parade qui aurait précédé la pièce – en revanche, de son voyage en Espagne, Beaumarchais ramène **un intermède** : imité de l'espagnol, *Le Sacristain* est porté à la connaissance du public en 1766. Il s'agit d'un cahier de cinq doubles feuilles. L'auteur rédigea une première version sur les pages de droite et amenda cet état initial du texte sur les pages de gauche. Dans *Le Sacristain I*, la jeune héroïne se prénomme Pauline, comme la fiancée créole qui finit par se lasser des frasques de Beaumarchais. Figaro n'apparaît pas.

Au début du premier manuscrit, Pauline se réveille ; elle vient de rêver à son amant. Mais ses parents, par avarice, l'ont mariée à un vieillard impuissant, Bartholo, qui la séquestre. Son amoureux, Lindor, use de déguisements pour la voir : il s'est déjà présenté en soldat ivre ; il récidive en sacristain, remplaçant du maître de musique, le révérend père Basile, malade. Pauline ne sait pas que c'est lui et refuse de prendre sa leçon ; Bartholo s'efforce de la convaincre. Seul avec elle, Lindor déclare à Pauline sa passion en usant d'une métaphore : il se dit « embrasé comme Hercule ». Le premier cahier s'achève là. Il reste quelques fragments du reste : une scène où Bartholo surprend les amants – dénouement où, dans une nuit d'orage, Lindor lui apparaît en diable ; le barbon prend peur et laisse la place au sacristain.

Dans la deuxième version, *Le Sacristain II*, Pauline s'appelle Rosine et Lindor s'élève dans la hiérarchie sociale en devenant comte. L'auteur développe la dimension musicale de l'œuvre et affirme un but plus moral. Enfin, un autre manuscrit fait du comte un homme déjà marié qui, au début de la pièce, reçoit une lettre de son épouse abandonnée. On pense irrésistiblement au dom Juan de Molière qui, au début de l'œuvre, vient d'abandonner doña Elvire. Il semble que *Le Mariage de Figaro* réactive cette référence classique puisque, affirmant la volonté d'abuser de son pouvoir, Almaviva devient « un grand seigneur méchant homme ».

L'opéra-comique

Dans son deuxième état, le texte revêt la forme d'un **opéra-comique**, refusé en 1772 par la Comédie-

Italienne. La tradition veut que son premier chanteur ait répugné à interpréter le rôle du barbier, parce qu'il avait exercé cette profession et craignait les allusions humiliantes. Cette anecdote témoigne de l'apparition, dans l'œuvre, de Figaro; le comte prend aussi le nom d'Almaviva. L'ouvrage s'est perdu, hormis quelques traces conservées et rédigées dans les *Observations* rédigées par un critique anonyme. Rosine, de jeune épouse effrontée, devient une victime ; mais sa psychologie manque de cohérence.

Figaro assume une fonction utilitaire qui rend à Almaviva sa dignité. Redevenu célibataire, Almaviva peut certes apparaître dans la première scène comme un séducteur fatigué des conquêtes faciles, mais il affirme surtout la volonté d'être aimé pour lui-même. Au dénouement, il apparaît en Grand d'Espagne pour éblouir, de surcroît, sa bien-aimée déjà séduite. Mais le moteur de l'intrigue se moralise : l'action s'achève sur une union légale, réalisée aux dépens du Docteur abusif. D'ores et déjà, la psychologie des autres personnages acquiert une plus grande consistance; Bartholo ne se réduit plus à un barbon superstitieux et stupide.

La chronologie de la « franche » comédie

Le 3 janvier 1773, Préville lit à la Comédie-Française la nouvelle pièce de Beaumarchais, qui est reçue à l'unanimité et mise en répétitions. Le 12 février, le censeur Marin l'approuve, et le lendemain, le préfet de police, M. de Sartines, autorise sa représentation. Mais différents obstacles, la dispute de l'auteur avec le duc de Chaulnes et son affaire avec Goëzman, la retardent. Beaumarchais rédige un deuxième manuscrit et ajoute dans les tirades de Bazile des expressions provençales empruntées à Marin. Le 5 février de l'année suivante, un deuxième censeur, Artaud, renouvelle l'approbation et la représentation est autorisée pour le 12 février, puis interdite. En effet, deux clans s'opposent : les partisans de l'auteur (dont le lieutenant de police, M. de Sartines, et la dauphine, Marie-Antoinette), et ses opposants (dont le duc d'Aiguillon, défenseur des parlements Maupéou, et Mme du Barry). Le 8 mars, Beaumarchais confie un manuscrit au prince de Conti, mais la pièce n'est pas jouée à cause du blâme infligé à son auteur (voir biographie). Enfin, le 29 décembre, le premier manuscrit obtient l'approbation d'un troisième censeur, Crébillon fils.

Encouragé par son succès devant l'opinion publique, Beaumarchais rédige un **troisième manuscrit**. Il amplifie son œuvre au début de l'année 1775 : il dédouble l'acte III pour répondre aux canons de la grande comédie – qui devait contenir cinq actes – et la truffe d'allusions pour satisfaire ses rancunes personnelles et flatter le goût du jour. Le nouveau préfet de Police, Le Noir, accorde son permis d'imprimer.

Mais, le 23 février 1775, la pièce fait un four. Gudin de la Brenellerie, un ami de l'auteur, résume l'opinion générale en ces termes : « La comédie qui nous avait enchantés à la lecture nous parut longue au théâtre. Une surabondance d'esprit amenait la satiété et fatiguait l'auditeur » (*Histoire de Beaumarchais*, éd. Tourneux, p. 156). Comme il l'avait déjà fait pour Eugénie, Beaumarchais, du 23 au 26 février, reprend son texte et revient à la version approuvée, seulement augmentée de la tirade de la calomnie ; il retranche le *Goddam* et le portrait du barbon. La pièce connaît enfin un grand succès.

2

ÉTUDE DU TEXTE

1 - LE SCHÉMA DRAMATIQUE DE LA PIÈCE

Les différents personnages du quatuor remplissent tous, à des degrés divers, un rôle actif car l'intérêt naît de l'importance de l'obstacle incarné par le barbon. Face au soupçonneux docteur, le barbier fomente des plans qu'exécute le comte avec la complicité de la jeune pupille, qui, pour répondre aux exigences de la décence dramatique, ne saurait prendre l'initiative.

Le schéma dramatique du *Barbier de Séville* confine à l'épure : très enlevé, soutenu par la présence du couple que forment Almaviva et Figaro, le premier acte **introduit** l'action. Au cours des deux actes suivants, **leur action se déploie** pour essayer d'entrer dans la demeure très close de Bartholo et atteindre Rosine, le fruit du désir défendu. Enfin, tout aussi rapide que le premier, le quatrième acte permet d'amener un dénouement moral, le mariage des deux jeunes amoureux.

▪ Acte I : comment les intérêts du maître et du valet convergent

L'action se déroule dans une rue de Séville, le matin. Le premier acte s'ouvre sur une scène qui **expose le sujet** de l'action : le comte Almaviva déclare sa passion pour la jeune Rosine et son intention de se faire aimer pour lui-même. L'amour constitue donc le **moteur** de l'action. L'attente d'Almaviva crée une situation émotionnelle où le spectateur s'identifie à l'amoureux.

La scène suivante voit les retrouvailles du comte et de Figaro, son ancien valet, qui ne demande qu'à se mettre à nouveau à son service. Le motif de l'amour naissant continue à se jouer, comme en sourdine : durant la tirade de Figaro, la didascalie précise que le comte « *regarde avec attention du côté de la jalousie* ».

La scène 3 constitue un axe essentiel dans la dynamique de l'action. Dans cette scène de la jalousie (au double sens du terme) l'espace se dédouble, le comte et Figaro se cachent alors que paraissent, sur le balcon de la jalousie, Rosine et Bartholo, le vieux barbon qui veut l'épouser. La jeune fille parvient à déjouer la jalousie de son tuteur en feignant de laisser tomber un prétendu morceau de musique, qui n'est autre que la lettre qu'elle engage le jeune homme à ramasser. C'est la **première précaution inutile**.

L'intrigue se noue à la scène 4, lorsque Figaro révèle au comte le mensonge de Bartholo : le vieillard fait croire qu'il est déjà marié avec Rosine. Destinée à éloigner les galants, cette deuxième précaution s'avère inutile elle aussi. Le barbier rappelle au comte que l'or est « le nerf de l'intrigue » : **sage « précaution »** encore car elle permettra de faire triompher les amoureux.

Figaro joue le rôle d'un **adjuvant** alors que, tuteur jaloux, Bartholo incarne **l'opposant**, un obstacle suffisamment crédible pour entretenir l'intérêt du public. Au court d'un bref monologue, le vieux docteur trahit lui-même son projet d'épouser sa pupille le soir même : à la difficulté de l'entreprise s'ajoute la nécessité d'agir avec rapidité. Dans la dernière scène, le comte improvise un air de guitare pour communiquer avec Rosine.

■ Acte II : l'échec du soldat ivre

Aux scènes d'extérieur de l'acte I succèdent celles qui se déroulent dans un intérieur, dans l'appartement de Rosine en fonction de l'axe de rotation de la jalousie grillagée. **L'acte II, le plus étoffé**, s'ouvre sur un court monologue de Rosine : elle écrit une lettre en espérant la remettre à Figaro. Chez Beaumarchais, le monologue revêt une fonction utilitaire. À la scène suivante, au cours d'un échange à la fois **vif et amusé**, la jeune fille entretient un **faux quiproquo** en feignant d'ignorer les sentiments du prétendu Lindor, dont Figaro se fait l'interprète. En outre, elle confie sa missive au barbier.

La première **confrontation** entre Bartholo et sa pupille se déroule dans la scène 4. Le ton change : à la douceur du jeu amoureux succède l'exaspération du tuteur. Nous apprenons, *a posteriori*, que Figaro a administré aux domestiques du barbon des médecines de sa façon : ils sont tous alités. Suivent des **scènes burlesques** où le maître, Bartholo, agonit d'injures ses valets, l'Éveillé et la Jeunesse. La scène 8 voit l'arrivée du traître, Bazile ; il révèle au médecin l'arrivée d'Almaviva à Séville. Beaumarchais place une belle **tirade sur la calomnie**. Bazile engage Bartholo à agir sans délai et il réclame de l'argent pour presser le mariage. Mais, caché dans un cabinet, Figaro a tout entendu et révèle à Rosine les projets de son tuteur avant de disparaître. Ainsi, les **précautions prises par Bartholo** paraissent d'ores et déjà inutiles.

À la scène 11, une **deuxième confrontation** oppose Rosine à Bartholo, encore plus soupçonneux qu'auparavant. Il accuse la jeune fille d'avoir écrit une lettre ; elle tente, en vain, de se disculper. L'arrivée, attendue mais différée, du comte, déguisé en soldat ivre, fait varier l'intérêt ; le ton revient au burlesque. En fait, la scène se dédouble parce qu'Almaviva interprète deux rôles : d'une part, le soudard qui ne parvient pas à s'imposer chez Bartholo, car le médecin est dispensé d'héberger les soldats ; et d'autre part, il joue le rôle de l'amoureux. C'est toujours sous l'identité de Lindor qu'il remet une lettre à Rosine (scène 14). Mais **les précautions d'Almaviva se révèlent inutiles** : le docteur l'éconduit et surprend la remise de la lettre. Cependant il commet lui aussi une erreur, par **excès de précaution** : il sort pour fermer la porte (ses valets sont alités), et Rosine profite de cet instant de liberté pour substituer à la lettre de Lindor un billet sans intérêt. À la faveur d'un **crescendo dans l'intérêt**, la **troisième confrontation** entre la pupille et son tuteur se déroule dans la scène 15.

■ Acte III : la réussite de Lindor, déguisé en maître de musique

La liaison entre les actes se noue sur la recommandation faite à Rosine par le comte : dans la scène 1 de l'acte III, Bartholo déplore la colère de sa pupille avant que ne survienne le comte déguisé. Il prétend s'appeler Alonzo et venir sur la suggestion de Bazile. Échaudé par sa première tentative, le comte s'efforce de convaincre le docteur de sa bonne foi. Mais Bartholo reste soupçonneux : « Vous avez plus l'air d'un amant déguisé que d'un ami officieux. » À la faveur d'une péripétie, Almaviva, pris de court, renverse la situation en lui montrant la lettre que Rosine lui a fait remettre par Figaro. Il lui suggère même de confondre la jeune fille en lui révélant l'identité du comte Almaviva, et en lui disant qu'il a donné cette lettre à une autre femme pour se moquer de Rosine. Cependant, il lui faut éclaircir la situation vis-à-vis de la jeune fille. Or elle simule toujours la colère. La situation semble bloquée à cause d'un **double excès de précaution** : le comte a pris le risque de confier à Bartholo la lettre de Rosine, qui, elle aussi, s'est trop bien conformée aux instructions données dans la lettre de Lindor.

La scène 4 s'ouvre sur la **stupéfaction** de la jeune fille, qui trahit son inexpérience dans l'art de la dissimulation alors que le comte sait rétablir la situation. La **leçon de musique** joue sur le thème de la « précaution inutile », car Rosine chante une ariette sur le motif traditionnel du renouveau printanier à la mode dans les pastorales. En l'écoutant, Bartholo s'endort et le comte profite de la situation pour prendre la main de Rosine. **L'intérêt dramatique culmine à la scène 5**, qui réunit les quatre grands rôles : Figaro arrive pour raser le docteur ; la scène se dédouble et le quatuor se scinde : d'un côté le barbier s'entretient avec le médecin, alors que de l'autre, les deux jeunes gens se rapprochent. Figaro tente d'éloigner Bartholo.

Alors s'enchaînent des **péripéties en série**. Le docteur manifeste la velléité de confier son trousseau de clefs pour barbier afin de l'envoyer chercher son matériel, il se ravise et s'éclipse puis revient : par **une prudence inutile**, il agit contre son intérêt et confie au barbier son trousseau de clefs. Mais Bartholo entend le bruit causé par le bris de son nécessaire à barbe et se précipite dehors. Almaviva met à profit sa très brève absence pour fixer à la jeune fille un rendez-vous pour le soir.

À la scène 11, l'arrivée inopinée de Bazile crée la surprise. En effet, il ne devait plus revenir chez

Bartholo pour ne pas éveiller les soupçons ; mais il veut révéler au docteur que le comte a déménagé. Ce dernier a cru faire montre d'une **prudence manifestement éventée**, pour détourner les soupçons du barbon. Or, le docteur et Almaviva veulent empêcher Bazile de parler. Cette **péripétie** réactive l'intérêt du spectateur; elle s'enchaîne sur **un quiproquo** où le docteur, se croyant secondé par le prétendu Alonzo ne veut pas être trahi par Bazile. Le comte fait taire Bazile en lui donnant une bourse – l'argent est en revanche toujours une précaution utile.

Cette scène souligne une **opposition du caractère à la situation** : Bartholo veut faire sortir Bazile, ce qui nuit à son intérêt. Beaumarchais signale l'originalité du procédé. Après le départ de Bazile, Figaro rase Bartholo pour laisser quelque liberté aux deux amoureux ; mais le barbon surprend leur dialogue et découvre l'imposture du faux Alonzo. Rosine s'indigne contre ses persécutions. Bartholo reste seul et l'acte se termine comme il avait commencé, sur un court monologue du barbon, apparemment déstabilisé.

■ Acte IV : l'heureux dénouement

L'acte IV se déroule au même endroit, mais la nuit. On se rappelle que, dans *Le Sacristain*, le barbon était surpris par une nuit d'orage. Bartholo se trouve devant le fait accompli : Bazile lui apprend qu'il ne connaît pas le prétendu Alonzo et qu'un contrat de mariage se prépare pour la prétendue nièce de Figaro.

À la scène 3, Bartholo applique les conseils donnés par **le comte, dont les précautions risquent de se retourner contre lui**. Le tuteur révèle à sa pupille la véritable identité d'Almaviva et prétend qu'une rivale lui a confié la lettre de la jeune fille. Bien que **Rosine trahisse ses intérêts** elle prouve aussi son désintéressement. En effet, elle avoue le vol de la clef ouvrant la jalousie. La comédie frôle la tragédie, mais la situation se rétablit très vite grâce à l'apparition du comte en habit magnifique. Beaumarchais fait admirer le renversement de situation. S'ensuit une **série de péripéties très rapides** : l'arrivée du traître Bazile et la signature du contrat de mariage, moyennant écus sonnants et trébuchants.

La dernière scène tourne à la confusion de Bartholo, qui arrive trop tard. Le barbier a la dernière réplique et tire **la leçon morale** de la pièce : il est déraisonnable de tenter d'imposer une autorité contre nature.

Figaro inspire l'intrigue, autrement dit l'enchaînement des actions, mais qu'il n'en maîtrise pas tous les fils. Chacun des quatre personnages principaux interprète une part égale de la partition.

2 - LA COMPOSITION DE LA PIÈCE

■ Innover dans la continuité

Les emprunts aux thèmes de l'époque

Mieux vaut ne pas chercher à identifier avec précision les multiples influences qui rapprochent *Le Barbier de Séville* des œuvres des XVIIe et XVIIIe siècles. S'il s'avère difficile de repérer un emprunt à un auteur particulier, il semble établi que l'œuvre s'alimente dans les diverses traditions comiques.

Le sujet de la pièce renvoie à un stéréotype classique : l'amour donne aux filles de l'esprit, au sens de « intelligence », et rend inutile toute précaution d'un quelconque barbon. Scarron avait écrit une nouvelle sur le thème de la précaution inutile, à laquelle fut empruntée en partie l'intrigue de *L'École des femmes*. *Le Barbier* est imité aussi dans *Le Sicilien* et les six autres pièces où Molière recourt au stratagème de l'amoureux déguisé. À la suite du maître, Regnard dans *Les Folies amoureuses*, Fatouville, Sedaine dans *On ne s'avise jamais de tout*, ont repris le sujet de l'amour se jouant des « précautions ».

Les emprunts à Molière sont relativement peu importants ; les auteurs de comédies, au XVIIIe siècle, le jugent grossier. Dans *Le Barbier de Séville*, la leçon de musique rappelle la scène 5 de l'acte II du *Malade imaginaire*, où Léandre fait chanter Angélique. Néanmoins, cette **situation** s'avère très conventionnelle au XVIIIe siècle. Certaines **répliques** évoquent des propos déjà tenus par des personnages de Molière : l'aparté de Bartholo, « Quelle rage a-t-on... » (II, 15), fait écho à l'interrogation à laquelle Sosie soumet sa femme dans *Amphitryon* (II, 3). Dans *Les Précieuses ridicules*, on trouve une réplique : « Les gens de qualité savent tout sans avoir rien appris », qui renvoie à la question ironique formulée par Figaro au comte, dans sa première version : « Est-ce que les gens de qualité ignorent quelque chose ? » – devenue dans la version définitive : « Est-ce que les gens comme vous ignorent quelque chose ? » Enfin, les emprunts de **procédés stylistiques** s'avèrent très rares. Dans *Le Barbier*, Beaumarchais reprend la répétition du mot « Monsieur » dans un dialogue qui oppose Bazile à Figaro (III, 9). Mais il réduit les répliques parallèles au strict nécessaire pour ne pas produire un effet mécanique.

Par ailleurs, *Le Barbier de Séville* exploite les procédés de la farce : concernant l'intrigue, les **scènes de convention**, comme la reconnaissance comique entre Figaro et le comte (I, 2), ou la leçon de musique (III, 4), ainsi que les **déguisements**, s'inscrivent dans une tradition populaire. Sur le plan linguistique, les **moqueries** vis-à-vis des médecins, les plaisanteries et les **jeux de mots** réactivent des poncifs traditionnels. Enfin, les emplois s'avèrent très stéréotypés : le maître, le valet, la jeune fille victime d'un vieux barbon, le traître Bazile, autant de rôles de convention. En fait, chez Beaumarchais, le changement concerne le traitement original d'éléments connus, voire rebattus.

Un respect apparent des règles classiques

Le Barbier de Séville constitue le premier épisode d'un cycle dont son auteur n'a pas encore l'idée lors de l'écriture de sa pièce. Beaumarchais ignore encore qu'il entame le début d'une histoire. Toujours en quête d'innovations dramaturgiques, il n'en revient pas moins, après l'échec, surtout parisien, de son drame intitulé *Les Deux Amis*, à un schéma global très simple. Sa spécificité se retrouve néanmoins dans les complications internes de l'intrigue.

Sa première comédie témoigne d'un **respect apparent des règles classiques**, notamment des **unités de temps, de lieu élargi, et d'action**. *Le Barbier de Séville* ne produit aucune innovation dans le traitement du temps et de l'espace. La pièce obéit à la règle de **l'unité de temps**, puisque l'action se déroule en vingt-quatre heures, de l'aube au milieu de la nuit. Les allusions à l'écoulement temporel sont explicites, voire insistantes : à la fin de l'acte III, le comte donne rendez-vous à Rosine à minuit. Dans la première scène de l'acte IV, elle remarque : « Il est minuit sonné. » Figaro insiste (IV, 5) : « Monseigneur, comment trouvez-vous cette nuit ? » Le comte. « Superbe pour un amant. » Figaro. « Oui, mais **pour un confident** ?... Et si quelqu'un allait nous surprendre ici ? »

Le dynamisme de l'intrigue se coule aisément dans ce moule classique. Quant au traitement de l'espace, il correspond à une pratique ancienne, préexistant à la théorie classique de l'unité de lieu, car il renvoie à l'unité de lieu élargie : de la rue où donne la jalousie de Rosine, nous passons dans l'appartement de la jeune fille ; la « jalousie «. Ce terme revêt plusieurs significations : l'objet, la fenêtre grillagée, constitue l'axe de rotation dans l'espace ; mais la caractéristique psychologique, la jalousie de Bartholo, constitue l'obstacle qui empêche Almaviva de pénétrer dans la maison de sa bien-aimée. En somme, le balcon désigne la situation qui contribue à constituer Rosine en objet inaccessible du désir amoureux.

La localisation de l'action en Espagne répond à la volonté de détourner les foudres de la censure, mais aussi au goût du pittoresque picaresque. Bien que soucieux de précision, Beaumarchais cherche à rendre une « couleur locale », sans trop se soucier des détails historiques. C'est ainsi qu'un critique madrilène du XVIIIe siècle signale un anachronisme : le comte porte un costume d'une autre époque que l'habit de *majo* revêtu par Figaro.

Fort mince, comme dans la parade ou l'opéra-comique, l'intrigue respecte sans peine la règle de l'unité d'action. En outre, la comédie **respecte les bienséances**, à l'inverse des spectacles réalistes de la foire. Dans sa *Lettre modérée*, Beaumarchais souligne son exploit.

Une innovation : le principe de la disconvenance

La dramaturgie de Beaumarchais se fonde sur un dynamisme destiné à nourrir la curiosité du spectateur de manière continue. Il s'intéresse à la psychologie des personnages dans ses rapports avec la composition globale de l'intrigue. En effet, aucun des caractères n'est simpliste : le médecin manifeste un « instinct de jalousie » qui le rend redoutable ; à l'inverse des jeunes gens insignifiants des comédies classiques, le comte affirme une certaine personnalité. De même Rosine est certes une ingénue, mais elle fait preuve de lucidité et de répartie. Figaro réunit les qualités d'un picaro et d'un valet débrouillard. Cette psychologie nuancée rend crédibles les rebondissements de l'intrigue ainsi que la mise en scène d'un certain désordre. Le suspense se maintient grâce à l'intuition que, jamais stabilisé, l'équilibre demeure fragile.

En effet, le principe dramaturgique essentiel de Beaumarchais réside dans l'opposition du caractère à la situation. « Je veux, dit-il, que la situation des personnages soit continuellement en opposition avec leurs désirs et le caractère que je leur ai donné, et que l'événement qui les rassemble ait toujours des aspects aussi douloureux que différents pour chacun d'eux ». Dans sa *Lettre modérée*, Beaumarchais affirme que son œuvre s'inscrit dans la double veine d'une comédie, *L'Avare* de Molière, et d'une tragédie, *Mithridate* de Racine. Ces deux références littéraires renvoient à deux pièces classiques et mettent l'accent sur les deux passions dominantes de Bartholo : son avarice entre en opposition avec sa jalousie qui finit par l'aveugler grâce aux manœuvres de Figaro, dont la gaîté imprime sa tonalité à l'œuvre.

Quand Figaro conduit ses domestiques à s'aliter, le médecin lui attribue sa propre avarice : « Je vois ce que c'est : le maraud voudrait me payer mes cent écus sans bourse délier » (II, 7). En fait, s'il s'était montré moins avare, il aurait écouté son intuition jalouse et, à l'acte III, se serait bien gardé de confier son trousseau de clefs à son barbier. Plus il enferme sa pupille, plus il incite son amoureux à pénétrer dans sa demeure. Le barbon agit contre son intérêt. Le principe de la disconvenance est donc lié, en partie, au motif de la précaution inutile.

L'obstination jalouse de Bartholo inspire en effet à Almaviva sa passion pour Rosine, qu'elle transforme en objet défendu, donc désirable. L'analyse élaborée par Beaumarchais lui-même laisse supposer que cette inclination pour Rosine n'est peut-être pas aussi pure qu'on pourrait le penser à première lecture. Tout aussi bien, le comte ne s'interroge jamais vraiment sur ses capacités de séduction, même s'il veut être aimé pour lui-même.

« Et comme, en toute recherche, ce qu'on nomme passion n'est autre chose qu'un désir irrité par la contradiction, le jeune amant, qui n'eût peut-être eu qu'un goût de fantaisie pour cette beauté, s'il l'eût rencontrée dans le monde, en devient amoureux, parce qu'elle est enfermée, au point de faire l'impossible pour l'épouser. »

Tandis que l'intrigue repose sur la rivalité des deux hommes, **son déroulement**, lui, est dicté par la psychologie de Bartholo. Les innovations concernent donc la **complexité psychologique** nouvelle qui induit un phénomène de suspense, un intérêt plus grand pour la réalisation du projet mené par le comte et Figaro.

Une dramaturgie du mouvement

La rapidité du **mouvement** est imposée par la hâte de Bartholo à épouser Rosine. Le vieux médecin impose les données de l'action et le barbier réagit en fonction de la situation. La précipitation du barbon intensifie le **suspense** en imposant une chronologie serrée à l'action : « Monseigneur, lance Figaro au comte, la difficulté de réussir ne fait qu'ajouter à la nécessité d'entreprendre » (I, 6). Bartholo imprime donc un effet **d'accélération** au déroulement de l'intrigue. Il faut manœuvrer avec rapidité et le barbier se présente comme **un magicien de l'action** : « Moi, j'entre ici, où, par la force de mon art, je vais **d'un seul**

coup de baguette endormir la vigilance, éveiller l'amour, égarer la jalousie, fourvoyer l'intrigue et renverser tous les obstacles » (I, 6).

Le Barbier de Séville multiplie les péripéties en série, qui accélèrent ainsi le rythme de l'action et entretiennent l'incertitude : ainsi, dans la scène 15 de l'acte II, Rosine parvient à rétablir une situation hypothéquée par la clairvoyance de Bartholo. Ces retournements de situation enchaînés permettent de maintenir l'intérêt du spectateur, alors même que Figaro et Almaviva se concertent et révèlent leur projet commun à la fin de l'acte II.

Beaumarchais use de procédés qui ralentissent le mouvement (tirades, monologues et apartés), mais toujours avec une concision destinée à éviter toute lassitude, et l'intention de frapper les esprits en produisant de bons mots. Il ne se permet qu'une diatribe contre la république des lettres, au premier acte, et ne conserve que la tirade, fameuse, de la calomnie (II, 8). Très brefs, les **monologues** se trouvent placés en ouverture des actes ou constituent des articulations utiles à la marche de l'action. À l'acte I, cependant, il n'est guère vraisemblable que le jaloux et soupçonneux Bartholo parle tout seul de son mariage secret avec Rosine. Le monologue d'Almaviva (III, 3) introduit une pause dans l'action et souligne le risque pris en remettant la lettre de Rosine à son tuteur. À l'inverse, celui de Bartholo, qui vient de chasser Figaro et le comte, souligne l'effet de crescendo qui marque la fin de l'acte III.

Du plan à l'improvisation : une dramaturgie de la contingence

Comme le remarque fort justement Anne Ubersfeld, la dramaturgie de Beaumarchais se caractérise par l'intrusion, dans le déroulement de l'action, de

la contingence qui défie les plans des individus et exige leur perpétuelle adaptation à l'obstacle mouvant, représenté par un adversaire retors ou par les hasards de la vie. Le dynamisme de l'action masque parfois la complexité psychologique qui, pourtant, le conditionne ; car si Bartholo était un personnage obtus, l'intrigue s'en trouverait considérablement simplifiée. En outre, la finesse des caractères rend possible l'exploitation plus fine de leurs potentialités, comme dans *Le Mariage de Figaro.*

Figaro forge les plans initiaux. Il suggère au comte de se déguiser mais, plus encore, de parer à toute éventualité en se munissant d'une bourse bien remplie. Le valet affiche son empirisme plus encore que son cynisme, lorsqu'il insiste sur l'importance de l'or pour dénouer les fils de l'intrigue (I, 6). De fait, il rendra possible la corruption de Bazile à la fin de l'acte III – et la réussite des projets nourris par le comte. Mais entre temps, son action se résume à bien peu de choses.

L'action de Figaro s'amorce **dans les coulisses**, entre les deux premiers actes. Le spectateur et le lecteur, en font la découverte rétrospective. L'auteur ne divulgue donc pas le détail de ses plans pour ménager l'intérêt et pour favoriser l'effet comique engendré par la surprise. Le barbier agit donc dans l'ombre. Quand il paraît chez Rosine (II, 2), il se fait l'interprète du comte ; il se substitue même à lui pour faire à Rosine une déclaration d'amour indirecte. Elle lui remet alors la lettre destinée à Lindor. Dans la scène 4, Bartholo évoque des **faits déjà accomplis** : « Ce damné barbier qui vient d'écloper toute ma maison, en un tour de main. [...] Parce qu'il me doit cent écus, il se presse de faire des mémoires. » Cette interprétation d'un comportement aussi surprenant trahit la passion essentielle du vieux médecin : l'avarice. Le spectateur se doute des motifs réels de Figaro ; il en sait plus que le barbon, discrédité par ce manque initial de lucidité, bien vite annulé par les révélations de Bazile.

Dans la scène 8 de l'acte II, caché dans un cabinet, donc toujours dissimulé aux regards, Figaro surprend le dialogue de Bartholo et Bazile. À la scène 5 de l'acte III, il ne convainc pas vraiment le docteur que la lettre de Rosine était destinée à sa petite fille et, en dépit de ses efforts, il parvient à s'emparer par hasard de la clef de la jalousie. En somme, il paraît souvent en difficulté.

Quant au comte, il se trouve lui aussi contraint d'improviser sur scène. En effet, il met en œuvre les plans imaginés par le barbier, qui se rend par là utile. Au XVIIIe siècle, en effet, il pouvait paraître vulgaire ou humiliant pour un aristocrate de forger des intrigues ou de s'abaisser à inventer des fictions pour parvenir à ses fins. On s'en souvient : d'après la reconstitution de sa genèse, l'apparition du barbier dans l'œuvre est liée à la volonté de respecter la noblesse d'Almaviva dans tous ses détails. Il se borne à interpréter les rôles soufflés par Figaro, prouvant d'abord son inexpérience pour mieux alimenter l'intérêt du spectateur, puis sa capacité à s'adapter aux réactions de Bartholo. En fait, il semble acquérir une certaine assurance au cours du déroulement de l'intrigue. Si le soldat ivre trahit son inexpérience, le faux Alonzo parvient à berner le soupçonneux docteur durant presque tout un acte.

La comédie avec chansons

Le XVIIIe siècle apprécie beaucoup la musique. Tous les membres de la famille Caron jouent d'un instrument. Beaumarchais a fait de la musique avec les filles du roi. Lors de son voyage en Espagne, il découvre des airs nouveaux, une atmosphère séduisante et un vocabulaire qu'il adapte au français, comme le mot *saynette*,

« sketch ». L'influence picaresque fait de Figaro un Arlequin hispanisant, « grand fringueneur de guitare ». *Le Barbier de Séville* illustre en effet le genre, fort prisé au XVIIIe siècle, de la comédie avec chansons. La présence de morceaux musicaux signale les liens avec l'intermède espagnol, *Le Sacristain* et l'opéra-comique - le sujet du Barbier est un thème éprouvé des opéras-comiques italiens.

Le Barbier présente tout un registre de chansons : Figaro (I, 2) entonne un morceau gai, le comte improvise une chanson tendre à Rosine (I, 6) et reprend des couplets burlesques à l'intention de Bartholo (II, 13). Pendant sa prétendue leçon de musique, Rosine pousse la note d'une ariette bucolique (III, 4), bientôt suivie, comme en contrepoint, du refrain burlesque de Bartholo. La pièce emprunte ses airs aux refrains à la mode, comme celui de « Vive le vin » pour la chanson entonnée par le comte, simulant l'ivresse. Certains couplets sont composés pour la circonstance, comme les couplets du comte – sur une musique originale – et l'ariette en timbre de Rosine. Tous furent sifflés à la première représentation et jugés plus à leur place chez les Italiens. Beaumarchais cherchait à produire un **effet de naturel** doublé d'un intérêt nouveau pour un mode d'expression accommodé, d'après lui, à la comédie.

3 - LES PERSONNAGES DU *BARBIER DE SÉVILLE*

La liste des personnages ainsi que la précision des costumes et des attitudes traduit la **volonté de réalisme** affichée par Beaumarchais ; il donne beaucoup de détails, à l'inverse des auteurs de la tradition classique. En outre, les personnages donnent aussi des uns des autres une description assez révélatrice de l'opinion que l'auteur veut produire sur chacun des rôles. À l'opposé, les caractères classiques demeurent dans une relative abstraction. L'**art du portrait**, au XVIIe siècle, relève d'une forme plus statique qu'au siècle suivant, où fleurissent les grâces d'une conversation enjouée ou caustique. Dans *Le Barbier de Séville*, les personnages réalisent des portraits en action.

▪ Figaro, un homme d'esprit

Un personnage aux multiples facettes

Dans *Le Barbier de Séville,* Figaro tire la conclusion de l'action en se référant au sous-titre : « la précaution inutile ». **Porte-parole de son auteur**, il commente la morale de la pièce comme pourrait le faire un fabuliste. Beaumarchais lui-même le présente comme le « machiniste », le **metteur en scène** de l'intrigue dont il forge le plan et dont il parodie les fonctions en faisant répéter au comte son rôle de soldat ivre (I, 4). En effet, le barbier conjugue deux types de talent : sa finesse tactique, qui le rapproche du **valet débrouillard**, et son passé d'auteur. Homme d'action, il se présente d'abord lui-même comme un « homme d'esprit ». Au XVIIIe siècle, cette appellation désigne encore un homme intelligent ainsi que spirituel. Réalisant lui-même son portrait en action, il évoque ses expériences malheureuses dans la « **république des lettres** » (voir III, 3). Il **n'est plus un valet** et même, dans *Le Barbier de Séville*, il se caractérise par sa faculté à prendre des distances, à **ne pas s'identifier à son état** ou à ses échecs. En fait, dans *Le Barbier de Séville*, le barbier exerce un « petit métier » de circonstance pour pouvoir vivre. Autrefois poète et dramaturge, il a connu l'échec à cause de la « cabale », comme Beaumarchais.

Joueur de guitare bon vivant, Figaro se fait, en quelque sorte, l'interprète de son auteur pour formuler sa philosophie de la bonne humeur. Au comte qui lui demande : « Qui t'as donné une philosophie aussi gaie ? », il répond : « L'habitude du malheur. Je me presse de rire de tout, de peur d'être obligé d'en pleurer » (I, 2). Ainsi, l'optimisme est à la portée de tout homme capable de dominer l'infortune et de ne pas s'identifier à ses échecs.

Figaro illustre de la sorte le principe de réversibilité défini par Beaumarchais : le comique et le tragique entrent dans un rapport de complémentarité et non d'opposition.

Figaro, sympathique représentant du peuple

Personnage traditionnel de la comédie d'intrigue, Figaro apparaît aussi, dans *Le Barbier de Séville*, comme **un autodidacte issu du peuple**. En fait, comme le montre l'étude de la genèse (voir I, 3), l'entrée en scène de Figaro est dictée moins par des raisons politiques que par des questions idéologiques et dramaturgiques : il convient de décharger Almaviva, promu au rang de Grand d'Espagne, de toute préoccupation purement matérielle.

Cependant, dans *Le Barbier de Séville*, Figaro ne s'identifie pas à sa « profession » de barbier; neuve au théâtre, cette dernière témoigne des préoccupations nouvelles des auteurs de drame : ils estiment que **la condition sociale** donne plus de crédibilité, de chair, aux personnages dramatiques. En fait, dès que le ministre, son protecteur, apprend son goût pour l'écriture, Figaro perd son emploi « sous prétexte que l'amour des lettres est incompatible avec l'esprit des affaires ». La pointe fait allusion aux activités de Beaumarchais lui-même.

Le métier de barbier revêt surtout une fonction utilitaire, car elle rend vraisemblable la présence de Figaro chez un vieux médecin et rend possible ses « facéties ». En aucun cas Figaro ne représente un état social particulier dont il défendrait le statut ou les principes.

Figaro, personnage picaresque

Le personnage du picaro vient d'abord de la tradition orale puis de la littérature espagnoles. Peu recommandable, ce marginal subit les aléas du sort et sa destinée ne suit aucune trajectoire construite. À l'inverse du héros du roman d'apprentissage, il n'évolue pas, ni d'un point de vue psychologique, ni dans la hiérarchie sociale. Il se réduit à la fonction de révélateur des insuffisances qui affectent la société de son temps. Au XVIIIe siècle, **cet exclu** de l'ordre social inspire différents personnages d'aventuriers, plus ou moins moraux. Mais l'époque est à la promotion et à l'intégration sociales ; aussi le célèbre Gil Blas de Lesage parvient-il aux plus hautes sphères de la hiérarchie politique.

Figaro emprunte beaucoup de ses traits aux personnages picaresques : enfant trouvé, il évolue dans une marginalité propice à la critique sans pour autant chercher à renverser la société en place. Le nom même de Figaro pose un problème que n'ont pas encore résolu les spécialistes de la question. « Entre autres hypothèses, affirme Pierre Larthomas (édition Gallimard, « Pléiade », p. 1297), on y a vu une déformation de *fils Caron,* fils étant prononcé *fi*, ou de l'espagnol *picaro.* Mais la seule chose sûre est que Beaumarchais a hésité d'abord entre les deux formes *Figuaro*, que l'on trouve dans les trois manuscrits, et Figaro, déjà dans les *Observations* ». D'autres critiques, comme Jean-Pierre de Beaumarchais, évoquent un jeu de mots possible entre l'expression « faire la figue » pour « se moquer », et « faire la barbe », métier de Figaro... Il raconte lui-même sa biographie. Né de parents inconnus, il reste un marginal ; mais Figaro, à la différence du **picaro**, ne se laisse pas dominer par les événements.

Ainsi le premier Figaro possède déjà une consistance certaine, voire une épaisseur romanesque. Aussi le jugement de René Pomeau sur Figaro peut-il paraître un peu sévère : « À la différence des types de Molière, nourris d'une forte substance humaine, Figaro paraît inséparable des planches et des lumières de la rampe » (voir biblio., p. 110). Certes, le comte joue le rôle du séducteur, tour à tour grand seigneur libertin et amoureux de Rosine. Cependant, le barbier possède une certaine autonomie : il existe par lui-même. Il ne joue pas le rôle d'un simple faire-valoir du maître, comme Sganarelle de *Dom Juan* ou l'Arlequin du *Jeu de l'amour et du hasard*. Au cours du XVIIIe siècle, la promotion du roturier sur les degrés de l'échelle sociale engage à considérer le valet comme un personnage à part entière.

Figaro : Sganarelle bon vivant ?

Du point de vue moral, Figaro se rapprocherait de la lignée de Sbrigani et de Scapin, autrement dit du valet émancipé ; alors que du point de vue physique, il ressemblerait à un Sganarelle amélioré. Dans la première comédie, il paraît être un homme d'âge mûr, au physique rondouillard de valet gourmand, dans la tradition qui va d'Arlequin à Obélix en passant par Sganarelle. Lors des premières représentations de la pièce, le comédien Préville interprétait le rôle : âgé de cinquante-quatre ans, il s'exprimait avec la verve et la gaieté exigées par l'interprétation de Figaro, un comique qui met les rieurs de son côté en sachant rire de lui-même.

Voici comment le décrit le comte : « Cette tournure grotesque... (...) Je ne te reconnaissais pas, moi. Te voilà si gros et si gras... » (I, 2). Puis Rosine abonde dans ce sens : « C'est un bon homme qui m'a montré quelquefois de la pitié; si je pouvais l'entretenir un moment ! » (II, 1). La désignation « bon homme » laisse supposer qu'il n'est plus tout jeune - à moins que la jeune fille ne l'imagine plus âgé qu'il ne l'est vraiment. « Que je l'aime, ce bon Figaro ! C'est un bien honnête homme, un bon parent ! Ah ! voilà mon tyran ; reprenons mon ouvrage » (II, 3). Il aurait une fille, quoique, comme tout personnage subalterne, il n'ait pas encore de famille. En effet, dans les œuvres classiques, seuls les nobles ont une profondeur psychologique et une dimension familiale.

Cependant, dans la présentation qu'il donne de son personnage dans sa *Lettre modérée*, Beaumarchais laisse planer le doute sur la physionomie de son personnage. En réponse à une critique portant sur la vraisemblance de la rencontre du comte et du barbier, il donne de lui une description détaillée. Homme à tout faire, Figaro ne manque pas de séduction. D'après la liste des personnages, il porte un habit de *majo*, homme d'une élégance affectée et populaire. Il ne saurait atteindre le raffinement du comte ; mais il révèle un effort de recherche vestimentaire.

Figaro : un Scapin metteur en scène

Le Barbier de Séville et *Le Mariage de Figaro* mettent des conservateurs tyranniques aux prises avec des personnages qui éprouvent des désirs naturels, donc légitimes dans l'optique des Lumières. Dans la première de ces comédies, Figaro s'inscrit dans la tradition française qui fait du **valet le confident de son maître et le meneur de l'intrigue**. Dans la seconde, il assume le rôle sentimental du maître et semble perdre la maîtrise de l'action : redevenu libertin, le comte tente d'alors d'abuser de son pouvoir seigneurial.

Par ailleurs, dans *Le Barbier de Séville*, la convergence des actions menées par les deux personnages s'explique par l'intérêt que peut avoir Figaro à réaliser le but sentimental d'Almaviva (I, 6).

Entre le maître et son ancien domestique, la relation est à la fois de connivence et de respect. Et, même dans *Le Mariage de Figaro*, le comte regrettera le temps où son valet « lui disait tout ». Par ailleurs, Figaro se moque de l'hypocrisie qui caractérise les propos tenus dans toutes les époques : « Je n'emploierai point pour vous rassurer les grandes phrases d'honneur et de dévouement dont on abuse à la journée (...). » De nos jours, on parlerait de « langue de bois » ou de « politiquement correct » – et c'est ainsi que la formule devait sonner pour les contemporains de Beaumarchais. Figaro connaît trop le pouvoir de la parole pour la galvauder.

En outre, son ancien maître s'autorise de ses précédentes libéralités pour engager le barbier à renouer leur complicité ; Figaro est déjà, *de facto*, le **confident de ses amours**. Ainsi se noue entre eux une relation teintée d'affectivité. Le barbier accepte de « reprendre du service », parce qu'il songe à en retirer des bénéfices, mais aussi parce qu'il estime Almaviva et se fie à la parole du Grand d'Espagne. Dans *Le Barbier de Séville*, l'aristocrate se montre digne de la noblesse et l'ex-valet retrouve presque des réflexes de compagnon de route, si ce n'est d'égal à égal. Tout en conservant le sens des distances sociales sur lesquelles, par ailleurs, il ironise (I, 4), Figaro s'identifie à son ancien maître ; il prend en charge ses intérêts et le représente. Comme le dit René Pomeau, « aucune révolte ici ; bien au contraire, Figaro est heureux d'avoir retrouvé son protecteur : il le dit, et c'est vrai. Ce maître et ce valet se ressemblent tant ! » (voir biblio., p. 111).

▪ Le comte Almaviva : un maître aux multiples avatars

Dans *Le Barbier de Séville*, Almaviva est **davantage un amant qu'un maître**. La relation s'inverse dans *Le Mariage de Figaro*, où le comte se rapproche de

Bartholo, voulant exercer son pouvoir sans tenir compte des désirs d'autrui. Cependant, avec *La Mère coupable*, il retrouve toute sa dignité et assume son rôle d'époux. Doté d'une grande plasticité, le rôle du comte peut évoluer dans un sens indéterminé. En effet, il joue sur plusieurs registres à la fois. Il suffirait qu'il continue à jouer un personnage pour tomber dans la manipulation, indigne d'un noble.

Un Grand d'Espagne digne de la noblesse

La passion du comte pour Rosine se construit en opposition au libertinage dominant. En effet, il évoque d'emblée la cour de Madrid et cherche à se distinguer non tant des aristocrates que des courtisans. Ainsi, l'espace évoqué (la cour et ses déviations) s'oppose à l'espace « réel » – ou donné comme tel – de **Séville, ville de province, encore proche d'un lointain passé** ; celui « du temps d'Isabelle » est conservateur et rétrograde.

De même que Figaro s'estime revenu du métier d'écrivain, Almaviva se présente comme un **noble fatigué des pratiques de la cour** : il critique la liberté de mœurs des courtisans ainsi que leur sujétion aux conventions sociales ou à l'appât du gain. Il paraît représentatif des contradictions de l'aristocratie, au XVIIIe siècle, où tous les membres n'étaient pas obtus et fermés à l'évolution sociale. En effet, l'emploi de l'adjectif substantivé « un aimable », rend compte d'un usage fréquent dans le langage du XVIIIe siècle. Le terme semble désigner un individu uniquement soucieux de plaire, de jouer sur son apparence en faisant des amabilités. À l'inverse des courtisans, le comte veut croire à l'amour ; comme les amoureux de Marivaux, il espère que Rosine l'aimera pour lui-même.

En ce sens, Almaviva incarne l'aristocrate digne de son statut social élevé : ouvert aux réalités, il s'amuse de la verve de son ancien domestique. Il s'oppose à la fois aux courtisans, oisifs corrompus, et aux réactionnaires tyranniques comme Bartholo. Figaro reconnaît son « air altier et noble » de Grand d'Espagne (I, 2).

Un libertin converti à l'amour

Dans *Le Barbier de Séville*, le comte a déjà suffisamment vécu pour être las de certains comportements amoureux. Dès le premier acte, son rôle ne se réduit pas à faire valoir Figaro, dont la verve pétille et les répliques étincellent. À la fois mystérieux et sensible, il interprète l'emploi du **séducteur** qui espère l'apparition de sa belle. En apparence **converti à l'amour, il incarne un fantasme féminin** ; même si, comme le dom Juan de Molière, il recherche davantage la difficulté de la conquête que l'accomplissement de la vie conjugale.

Au dénouement du *Barbier de Séville*, Almaviva apparaît toujours comme un **prince de conte de fées** : levant le voile de son manteau, il se métamorphose en magnifique seigneur devant une Rosine éblouie. Ainsi, dans les premières et les dernières scènes, il assume un rôle qui joue sur l'émotion du spectateur. Entrant dans les projets d'Almaviva, le barbier présente à Rosine le prétendu Lindor comme « (...) un jeune bachelier de mes parents, de la plus grande espérance, plein d'esprit, de sentiments, de talents, et d'une figure fort revenante » (II, 2). Il insiste donc sur la beauté de ce jeune homme séduisant. Par ailleurs, le comte veut interpréter un emploi d'amoureux transi, sans en avoir manifestement l'expérience puisqu'il ne sait pas jouer de la guitare.

Un habile comédien

Les amoureux de Molière remettent leur destinée à leur valet; à l'opposé, **le comte ne manque pas de caractère.** Il joue un rôle actif dans le plan élaboré par le barbier. En effet, quand il rencontre son ancien domestique, il s'est déjà donné un emploi d'amoureux transi sur lequel se greffent encore deux autres personnages : le soldat ivre (II) et Alonzo ou le maître de musique (III). Très capable de se mettre en scène, il joue un double rôle et contribue à la dénonciation de l'illusion sur scène. Ainsi se créent les conditions du théâtre dans le théâtre. Rosine n'est censée être mystifiée que dans un but moral, quoique le jeu du comte témoigne, en fait, d'une défiance certaine vis-à-vis de sa bien-aimée.

Comment le comte interprète-t-il le rôle du dragon ivre ? Les didascalies en témoignent : il force les traits en agissant comme un **matamore**, personnage grossier et vantard de la comédie italienne. Il utilise beaucoup l'artifice de la chanson ; il chante pour rendre encore plus crédible sa prétendue ivrognerie - pour se moquer de l'allure de Bartholo – et, enfin, pour glisser quelques moqueries de convention sur les médecins. Il exploite le comique de mots en faisant des gammes sur les sonorités : « Balordo, Barque à l'eau » (II, 12) ; il sait aussi jouer sur le sens des mots : il emploie à dessein le terme de « signalement », qui appartient au lexique militaire. Il parvient à remettre sa lettre à Rosine, mais non à s'imposer chez le vieux docteur.

Aussi, dans l'acte III, semble-t-il avoir progressé dans la maîtrise de sa propre mise en scène en émule de Bazile, fieffé hypocrite. Beaumarchais retourne ses armes contre le traître, car le maître de musique devient le complice involontaire d'une entreprise qu'il devait déjouer. En outre, cette fois Almaviva parvient à demeurer en place en retournant la situation. Déjà conduit à s'excuser de ses soupçons devant sa pupille (II, 15), donc préparé à revenir sur ses prétendues erreurs d'interprétation, Bartholo demande pardon au comte de s'être défié de lui. Mais ce dernier se trouve contraint d'abandonner au vieillard la lettre de Rosine et lui suggère même une calomnie dont le barbon se servira au début de l'acte IV. Quoi qu'il en soit, il parvient à tirer parti de la situation en se faisant reconnaître par la jeune fille et en nouant avec elle un dialogue à double entente, grâce au procédé, traditionnel, de la leçon de musique. En contrepoint, interloqué par l'allusion de Bartholo aux bonbons que Rosine a prétendu faire envoyer à sa fille, **Figaro semble presque moins habile que le comte** à redresser la situation face au vieux docteur.

▪ Rosine : une jeune victime opprimée

Le portrait d'une jeune orpheline

Jeune fille d'extraction noble, Rosine occupe la position d'une victime opprimée par un tuteur détenteur d'un pouvoir abusif. Son origine aristocratique est nécessaire à la vraisemblance du dénouement ; car un Grand n'aurait jamais épousé une roturière. En revanche, elle semble placée moins haut que lui dans la hiérarchie sociale, car son mariage avec un bourgeois comme Bartholo ne fait aucune difficulté. Elle rappelle les héroïnes de Molière, ne cédant en rien à l'Agnès de *L'École des femmes*, à la Célimène du *Misanthrope*, ou à l'Isabelle de *L'École des maris.*

Figaro la décrit en sa présence (II, 2). Beaumarchais renouvelle la pratique du portrait, très prisé dans les salons aristocratiques, mais il l'inscrit dans la dynamique du dialogue et, plus encore, dans le tempo enlevé de l'allusion, le point d'orgue sollicitant l'imagination.

Une ingénue délurée ?

Affligés d'une misogynie inconsciente, les critiques, masculins, jugèrent très vite la jeune Rosine d'une précocité troublante. *Le Journal encyclopédique de Bouillon* (mai 1775) l'exécute en ces termes : « On trouve à la jeune personne tous les défauts d'une fille mal élevée. » Jacques Schérer la juge « trompeuse, et trompeuse parce que femme » et Frédéric Gaiffe, dotée d'une « précoce expérience, sûreté de soi ». Cette critique trahit le préjugé attaché à la condition féminine. Elle n'aurait pas lieu d'être si la recluse avait été un jeune garçon privé de toute liberté de mouvement et contraint d'épouser une vieille femme sans attraits. Le réquisitoire mené contre Rosine témoigne donc d'un parti pris inégalitaire, et d'une inquiétude venue du danger que représenterait l'émancipation des femmes.

Le beau et séduisant Beaumarchais ne craint pas les femmes et ne veut pas laisser penser qu'elles manquent de modestie. On se rappelle, en effet, que dans les premières versions du texte, celle qui se prénommait Pauline manifestait un caractère plutôt déluré. L'auteur de Rosine cherche à concilier la lucidité et la vertu de son héroïne. Dans sa *Lettre modérée*, il répond en ces termes aux critiques, notamment à celui du *Journal encyclopédique de Bouillon*, qui reprochent à la jeune fille sa témérité :

> « Que voulait-il donc qu'elle fît ? Quoi ? Qu'au lieu de se prêter aux vues d'un jeune amant très aimable et qui se trouve un homme de qualité, notre charmante enfant épousât le vieux podagre médecin ? Le noble établissement qu'il lui destinait là ! Et parce qu'on n'est pas de l'avis de Monsieur, on a "tous les défauts d'une fille mal élevée" ! »

Quelles sont donc les « fautes » de Rosine ? Pour répondre aux exigences de la décence théâtrale, elle ne prend pas l'initiative de la séduction mais **laisse un jeune homme lui déclarer sa passion** – ce qui, au XVIIIe siècle, peut être considéré comme une preuve de facilité. Beaumarchais lui prête de bien minces artifices : elle lance un billet par la fenêtre, elle écrit une lettre en cachette et la remet, par hasard, à Figaro qui se trouve là (II, 2). Elle se trahit très souvent : elle rougit quand son tuteur l'interroge et dissimule mal une missive dans son tablier. Poussée par la nécessité, elle parvient, enfin, à se sortir d'une situation difficile, comme en témoigne sa relative aisance dans la scène 15 de l'acte II. Cependant, elle est encore prise au dépourvu à l'arrivée du comte déguisé en Alonzo (III, 4), et manque de faire échouer le stratagème en se fiant aux propos de Bartholo.

En somme, la conduite de Rosine inquiète les misogynes davantage par ce qu'elle pourrait promettre de tromperies à venir, que pour ses conséquences dans *Le Barbier de Séville*.

Unique personnage féminin de la pièce, la jeune ingénue souffre de son enfermement contre nature : « Mon excuse est dans mon malheur : seule, enfermée, en butte à la persécution d'un homme odieux, est-ce un crime de tenter à sortir d'esclavage ? » (I, 3). Mélancolique, elle trahit une propension au trouble souligné par les didascalies de la scène 2 du deuxième acte.

Persécutée par un pouvoir abusif, cette jeune fille sensible et vulnérable incarne un personnage naturel. Elle n'est donc pas chargée d'un potentiel critique, à l'inverse de Marceline, qui, dans *Le Mariage de Figaro,* se lance dans un réquisitoire contre une société misogyne. Elle reste pudique et timide ; elle ne veut pas avouer son amour pour le comte et prétexte toujours sa curiosité ou son amitié à l'égard de Lindor, alors même que Figaro se doute bien de la réalité (II, 2). Cependant, poussée à bout, elle sait s'indigner, avec dignité, contre les insinuations de Bartholo : « Mais, monsieur, s'il suffit d'être homme pour nous plaire, pourquoi donc me déplaisez-vous si fort ? » (II, 4).

■ Bartholo : un barbon intelligent

L'interprétation du rôle joué par Bartholo s'avère fort délicate, car elle doit concilier **l'aspect comique de cette dupe** et **son caractère d'opposant, nécessairement redoutable** pour maintenir l'intérêt. Par souci de réalisme et par volonté de ménager le suspense, Beaumarchais innove : « le tuteur est un peu moins sot que tous ceux que l'on trompe au théâtre. »

Un vieillard conservateur et ridicule

Déjà présent dans l'intermède espagnol, Bartholo aurait pour modèle le docteur de la comédie italienne, Gratiano Baloardo. Figaro donne de lui une description physique précise : « C'est un beau, gros, court, jeune vieillard, gris pommelé, rusé, rasé, blasé, qui guette et furète et gronde et geint tout à la fois » (I, 4). Cette description physique renvoie au rôle traditionnel du barbon, vieillard amoureux d'une jeune fille. Un tel personnage recèle un potentiel comique à cause du décalage entre ses aspirations sentimentales et son apparence peu flatteuse : il peut apparaître comme un individu aveugle ou prétentieux – donc destiné à devenir la dupe de son entourage. Au XVIIIe siècle, les comédiens qui jouaient le rôle du vieux médecin et de son domestique la Jeunesse étaient de francs comiques.

Beaumarchais tire des effets comiques du **comportement rétrograde** du personnage. Dès sa première apparition, Bartholo fait rire de lui en critiquant toutes les formes d'innovations. Il se ridiculise encore pendant la leçon de musique : il s'endort – on l'imagine ronflant la bouche ouverte, attitude qui met en valeur, en contrepoint les séductions du comte. En outre, le barbon se mêle de musique ; il critique les nouveautés et entonne la ritournelle comme un **vieillard sénile**.

Un jaloux redoutable

Quant à son caractère, le barbier ne le flatte guère : « Brutal, avare, amoureux et jaloux à l'excès de sa pupille, qui le hait à la mort. » Coléreux, il s'emporte contre ses domestiques ; il évoque, avec Bazile, l'éventualité de payer un tueur pour éliminer son rival (II, 8). Rosine reconnaît sa grande pénétration psychologique : réactionnaire, jaloux, il incarne un homme d'expérience, mais pas complètement stupide.

Sa sagacité s'exerce avec un sens tactique et une lucidité qui s'éloignent du personnage des barbons grotesques de Molière. Lors de sa première apparition, il lance à sa pupille un avertissement teinté de menace : « Rentrez, signora ; c'est ma faute si vous avez perdu votre chanson, mais ce malheur ne vous arrivera plus, je vous jure » (I, 3). Il formule, en quelque sorte, le serment qu'il remplira tout au long de la pièce en prenant une série de précautions : il enferme Rosine chez elle, il fait sceller la jalousie et il presse le mariage avec sa pupille.

Rosine n'est pas de force à le berner : il ne croit pas à ses explications, ni pour la chanson tombée dans la rue, ni pour le cornet de bonbons qu'elle prétend destiné à la « petite Figaro ». Au cours de l'acte II, il la soumet, par trois fois, à d'impitoyables interrogatoires avant de se laisser duper par les apparences.

Plus accoutumé à tromper que la jeune fille, le comte se laisse lui aussi deviner par le terrible barbon qui, **tous sens en éveil**, perce à jour ses manigances : Bartholo voit le prétendu soldat ivre glisser une lettre dans le tablier de sa pupille ; il empêche le faux Alonzo de s'entretenir avec l'élève de Bazile et entend leur conversation. Il faut donc que le trio constitué par Rosine, Almaviva et Figaro se ligue contre lui pour qu'il échoue. Il ne connaît que de brefs moments d'aveuglement. Trop confiant dans la duplicité feinte du prétendu Alonzo, il confie à Figaro son trousseau de clefs pour l'éloigner de Rosine (III, 7) – élément indispensable à la réussite du comte.

Un barbon cupide

Cependant, après la création de la pièce, le *Journal Encyclopédique de Bouillon* relève une contradiction : « Le tuteur, qui d'abord pénétrait tout, se laisse attraper comme un imbécile. » Comment expliquer, en effet, la perte subite de toute sagacité qui rend possible la déconfiture finale du barbon ? En fait, il est la proie de deux passions concurrentes, ou plutôt d'une passion unique : **le désir de posséder**. Sa cupidité l'entraîne à agir dans un sens inverse à ses propres intérêts. Elle l'empêche de saisir les motivations réelles de Figaro : quand ce dernier administre à la domesticité des médecines inappropriées, il croit que le barbier veut rembourser ses dettes à bon compte.

Son avarice l'aveugle et lui fait perdre la lucidité qui lui vient de sa jalousie, une jalousie qui le pousse à considérer Rosine comme une chose, un objet à détenir et non comme une personne à part entière. En ce sens, Beaumarchais saisit bien là le caractère fondamental du jaloux : il désire posséder un être sans chercher à le connaître. Jamais sa prétendue passion pour Rosine n'inspire à Bartholo le moindre mot tendre. Dans le dernier acte, il se montre d'une possessivité repoussante et il néglige jusqu'aux avertissements de Bazile : « En toute espèce de biens, posséder est peu de chose ; c'est jouir, qui rend heureux : mon avis est qu'épouser une femme dont on n'est point aimée, c'est s'exposer... »

Bazile : une nouvelle incarnation de Tartuffe

Le personnage de Bazile est peu présent sur scène, mais il impressionne fortement le spectateur ou le lecteur qui voient en lui une incarnation de l'hypocrite, un avatar de Tartuffe le faux dévot. En fait, Bazile s'impose surtout par la tirade de la calomnie. Indirectement, il permet à son auteur de dénoncer les dangers de l'opinion, habile à se saisir d'une rumeur pour mieux la déformer et l'accréditer. Le langage devient alors une arme redoutable, mise au service du mensonge.

Mais, en fait, Bazile est surtout un homme **corrompu, prêt à trahir** pour le moindre écu. Figaro décrit ainsi le misérable allié que se choisit Bartholo, apparemment peu lucide en l'occurrence : « Un pauvre hère qui montre la musique à sa pupille, infatué de son art, friponneau, besoineux, à genoux devant un écu, et dont il sera facile de venir à bout, monseigneur... » (I, 6). Il catalyse toutes les détestations ; mais il n'en est pas moins **très réaliste** quand il dénonce à Bartholo lui-même la situation inique de Rosine : « (...) dans l'harmonie du bon ordre, un mariage inégal, un jugement inique, un passe-droit évident, sont des dissonances qu'on doit toujours préparer et sauver par l'accord parfait de l'or » (II, 8).

Ces propos font écho à ceux du barbier, réclamant de l'argent au comte pour favoriser la bonne marche de leurs projets. Bazile joue **le rôle d'un Figaro immoral**. Comme lui, il maîtrise le langage : outre la tirade de la calomnie, il sait faire de bons mots. Il est le spécialiste du proverbe retourné : ce qui est bon à prendre est bon à garder (IV, 1). Comme le barbier, il joue un rôle important dans le déroulement de l'action, puisqu'il rend possible le mariage final en acceptant moyennant finances d'en être témoin. Ces parallélismes mettent en évidence le fait que, dans une société rongée par la corruption, il faut s'adapter aux circonstances ; les uns, comme Figaro, ne s'identifient pas à leurs actes, les autres, comme Bazile, perdent toute conscience morale.

4 - UN LARGE ÉVENTAIL DE STYLES

■ Un style calqué sur les émotions naturelles

Au siècle des Lumières, l'intérêt dramatique naît des émotions inspirées par la sensibilité. L'intrigue s'ancre dans la réalité quotidienne, et les échanges entre les différents protagonistes doivent porter l'empreinte d'un **naturel** susceptible de *multiples variations*, de la verve spirituelle de Figaro à la sottise gourmée de Bartholo. Les **variations de rythme** témoignent du dynamisme imprimé à l'action. L'usage d'une ponctuation abondante répond à une conception de l'« humanisation » des personnages typique du XVIIIe siècle. Diderot conseille de traduire les émotions en jouant sur les tonalités : les modalités affectives et jussives définit ce qu'il appelle le « style haletant ». Cependant, **Beaumarchais ménage des effets pour mieux les briser** : par exemple, la longue période de Figaro (I, 2) ou la tirade de la calomnie (II, 8), interrompent brièvement le mouvement ; mais les interlocuteurs du barbier et de Bazile s'enchaînent avec rapidité sans exploiter un discours qui porte sur les pouvoirs du discours.

Beaumarchais joue sur les rythmes pour mieux **suggérer les intonations naturelles** : il communique les émotions de ses personnages en multipliant les exclamations et les interrogations. Les **modalités affectives** expriment les sentiments, comme la colère chez Bartholo, grand amateur de jurons : « Ah ! malédiction ! l'enragé, le scélérat corsaire de Figaro ! Là, peut-on sortir un moment de chez soi sans être sûr en rentrant... ? » (II, 4).

Beaumarchais sait aussi faire parler les silences : il **concentre ses effets** en usant, par prédilection, de tournures elliptiques laissant davantage à penser qu'elles n'expriment de pensées précises. Les nombreuses **évocations** fonctionnent comme autant de points d'orgue intensifiant l'émotion du personnage. Dans la scène 2 de l'acte II, Rosine dit : « Je suis d'une curiosité... ». Chère à Beaumarchais, cette construction permet de faire l'économie d'un adjectif à l'intensif, qu'elle remplace par une intonation insistante et évocatrice. Le même effet vient de **l'exclamation par juxtaposition** du thème et du prédicat : « Oh tout à fait bien je vous l'assure » (Rosine).

De réplique à réplique, les **interruptions** volontaires permettent aussi de laisser entendre quelque chose. Rosine ne veut pas exprimer toute sa pensée : « Repose sans amour... paraît... » (II, 2). Ou bien, le comte tente de faire comprendre à la jeune fille ce qu'il attend d'elle : « Mais s'il y a de l'obscurité dans mes phrases... » (II, 14). À l'intérieur d'une même réplique, Figaro feint de s'interrompre pour ménager un effet de retardement : « Eh bien ! cette personne est... la pupille de votre tuteur. » L'interruption peut aussi introduire une rectification : « Ah ! que c'est charmant !... pour monsieur votre parent », ou une demande de précision : « Et cette personne est... ? » ; ou un effet de répétition : « en la lui donnant, dites-lui... dites-lui bien... ».

Les **didascalies**, assez nombreuses, signalent les sentiments (*avec émotion*), les intonations (*Hau*t), des apartés, les jeux de scène (*Elle écoute*). Elles contribuent à définir une attitude et instaurent un tempo particulier.

■ Le style du drame bourgeois

Dans une comédie, le ton peut néanmoins se nuancer d'émotion, comme au dernier acte, où Rosine prouve sa maîtrise du style élevé : « Ô ciel ! suis-je assez humiliée !... Apprenez que dans peu le perfide ose entrer par cette jalousie dont ils ont eu l'art de vous dérober la clef » (IV, 3). En effet, elle se croit trompée et dans le monologue suivant (IV, 4), son lexique (« sa noirceur », « bassesse de son procédé », « le vil agent d'un corrupteur », « malheureuse »), ses intonations, ses interruptions, évoquent le **phrasé du drame, mais tout en le parodiant** ; le spectateur ne peut pas croire à la trahison du comte. De même, lorsqu'elle voit paraître le comte, elle prend un « *ton très compassé* » pour exprimer son indignation à voir sa fierté bafouée.

Déjà, le prétendu Alonzo s'exprime comme pourrait le faire un maître de musique ; son vocabulaire privilégie les termes abstraits et stéréotypés (III, 4) et (III, 12). Sa phrase est recherchée, sinon ampoulée ; elle se distingue par diverses élaborations, dont l'usage de la périphrase et du présentatif « c'est », ainsi que la prolifération d'appellatifs consacrés (Mademoiselle, Madame, Seigneur Bartholo, etc.), censés traduire son respect des conventions sociales. **Alonzo est donc l'homme du verbiage**. À travers lui, Beaumarchais se moque des êtres imbus d'eux-mêmes, mais aussi du mouvement néologique (auquel, entre parenthèses, il appartenait) qui, à son époque, crée quantité de mots nouveaux (le plus souvent par dérivation propre – par ajout d'un affixe – ou impropre - en utilisant un adjectif comme un nom : par exemple, un aimable).

▪ Le style des comédies gaies

Beaumarchais cherche surtout l'expressivité. Ainsi, à l'inverse de Molière, il n'attribue pas aux valets de Bartholo un langage paysan reconstitué et incompréhensible. La Jeunesse et L'Éveillé s'expriment de manière naturelle et ne font rire qu'à cause des bâillements de l'un ou des éternuements de l'autre. Cependant, déguisé en soldat ivre, le comte reprend les plaisanteries éculées sur la nullité des médecins. Le **comique de situation** tient aux rebondissements en série et à l'accélération dans l'enchaînement des répliques.

Le comique de mots reprend certains procédés déjà éprouvés par Molière, comme les **répétitions** de « monsieur » (III, 5), ou de « Allez vous coucher ! », à l'arrivée de Bazile (III, 11). De manière plus originale, la répétition permet très souvent d'enchaîner les idées ou les tirades. L'**ironie** de Figaro produit un effet très enlevé en **stichomythie** : « Le comte. Maraud ! si tu dis un mot... Figaro. Oui, je vous reconnais ; voilà les bontés familières dont vous m'avez toujours honoré » (I, 2).

La répétition produit une excellente impression aussi dans les **formules générales** bien frappées : « Si elle vous nomme audacieux, vous l'appellerez cruelle. Les femmes aiment beaucoup qu'on les appelle cruelles » (IV, 5). On peut considérer que cette phrase constitue une **sentence**, soit une « idée générale exprimée dans une phrase pleinement autonome mais située dans un contexte qui la justifie ». À la fois isolable et liée au contexte, elle se caractérise par l'emploi de pronoms et de substantifs à valeur générale, et par un emploi du présent de l'indicatif à valeur intemporelle. Dans *Le Barbier de Séville*, Beaumarchais multiplie ce genre de sentences. Nous nous contenterons d'en citer quelques-unes, qui témoignent de la virtuosité verbale de leur auteur : « Chacun court après le bonheur » ; « En amour le cœur n'est pas difficile sur les productions de l'esprit » ; « Quand on cède à la peur du mal, on ressent déjà le mal de la peur », etc.

▪ Le double langage des parades

Beaumarchais reprend quelques faits de **déformation** du langage venus du théâtre de foire, comme les liaisons vicieuses ou les **proverbes modifiés**. Ainsi, Bazile prépare son tour d'esprit : « Comme dit le proverbe » (IV, 1), puis produit son effet : « ce qui est bon à prendre » ; on attend : « est bon à rendre ». C'est après une interruption que le personnage exploite l'effet de surprise : « est bon à garder ». De plus, l'écriture des parades joue sur le **double sens**. Figaro se livre à des **allusions littéraires** à vocation plaisante : « La sombre jalousie au teint pâle et livide » est un souvenir de *La Henriade* de Voltaire (1723).

En outre, Beaumarchais met à profit ce procédé pour « régler ses comptes » avec ses ennemis. Lors de la scène de retrouvailles entre le comte et Figaro (I, 2), il évoque le blâme que lui a administré la justice à travers les propos des deux personnages : « Le Comte. Sais-tu qu'on n'a que vingt-quatre heures, au Palais, pour maudire ses juges ? » Et, plus loin, le barbier : « loué par ceux-ci, blâmé par ceux-là. » Ainsi, dans le récit que Figaro fait de sa vie, l'auteur glisse des **allusions très claires à l'affaire Goëzman**. Il se livre plaisamment à des critiques générales contre les censeurs et à des attaques personnelles implicites contre deux adversaires : le calembour sur « maringouin » désigne Marin, censeur de théâtre qui incite Bertrand Deirolles, d'abord favorable à Beaumarchais, à changer de camp ; « cousin » peut prendre le sens de « moustique », et s'intègre alors dans le **sens dénoté** induit par l'exploitation du champ lexical des insectes nuisibles à l'homme. Mais le terme revêt aussi l'acception de « complice », et porte alors un sens connoté qui désignerait Deirolles. Beaumarchais file la **métaphore** en empruntant ses références au bestiaire : « toujours armés les uns contre les autres », les loups (« déchiqueter ») mènent une guerre civile grotesque (« risible acharnement »), et deviennent de misérables insectes (« sucer »).

L'image et l'accumulation en énumération fermée (reprise par « le tout »), forment un système clos de coordination et revêtent une fonction satirique. L'immense période procède par ajouts successifs, entassement rythmé et appuyé par le retour de sonorités en écho (« fatigué, ennuyé, dégoûté, abîmé, léger » ; « aidant, supportant, me moquant, bravant, riant, faisant »). Puis elle se ferme sur une double clôture : la métaphore, « faisant la barbe à tout le monde », joue sur **l'équivoque** permise par le métier de Figaro : il est barbier et il se moque de tout le monde. Enfin, le dernier membre de la phrase renvoie à la situation présente, chute finale véritable : « vous me voyez enfin établi dans Séville, et prêt à servir de nouveau Votre Excellence en tout ce qu'il lui plaira de m'ordonner. »

▪ Le langage et le statut social des personnages

Qu'est-ce qu'une parlure ? Dérivé de PARLER, le terme désigne, en stylistique, la manière dont s'exprime un personnage en référence à son statut social ou « sociolecte », et à son caractère ou « idiolecte ». Dans *Le Barbier de Séville*, Beaumarchais innove en jouant sur une multiplicité de registres, mais il s'inscrit aussi dans un cadre traditionnel en soulignant, par une maîtrise inégale des ressources linguistiques, la différence de statut social entre les nobles, les bourgeois et le peuple.

La distance entre les personnages se traduit par l'usage du vouvoiement (Figaro vis-à-vis du comte ou de Barthfolo) ou, à l'inverse, du tutoiement, ainsi que par les apostrophes. Cependant, pour preuve de sa bonne éducation, **Rosine** conserve un style soutenu et donne du « monsieur » à Figaro. Elle change souvent de langage, soit par crainte de s'exprimer, soit par pudeur, soit par réaction à la situation – elle s'indigne devant Bartholo (II), elle chante une ariette bucolique (III), elle prononce un serment solennel (III, 12) où elle use de synecdoques (elle prend le tout pour la partie, et inversement), en s'engageant à donner sa main à qui la délivrera de sa prison, etc.

À l'inverse, **Figaro** manifeste une verve par définition populaire. Quand il fait ses compliments à Rosine (II, 2), son niveau de langue reste limité : « accorte », « rester » (pour habiter), « enfiévré » appartiennent au lexique populaire d'après le dictionnaire de l'Académie. Il prend des libertés qui le cataloguent, comme le fait d'employer des expressions ramassées : D'HONNEUR – ou de prononcer des jurons devant une jeune fille : TUDIEU ! pour « la vertu de Dieu ». Il emploie des tournures tirées de la sagesse populaire (« Ce que c'est que de nous ! »), des tournures familières (« y souffler un peu fort ») ; il use d'appuis du discours en cacophonie : « Ah çà », « Ahi », « Hem », peu agréables à entendre et se prêtant souvent à l'accentuation expressive par le geste articulatoire ; l'acteur peut alors insister sur ses mimiques.

Pour sa part, le **comte** utilise soit le ton neutre de la bonne compagnie soit un style efficace et concret lorsque, par exemple, il s'enquiert auprès de Figaro de la situation réelle de Bartholo, ou quand il avertit Rosine de sa venue dans la soirée. Quant à **Bartholo**, personnage dogmatique, il affectionne les sentences. Il exploite le vocabulaire de la traîtrise et la thématique du regard. Il peut même user du lexique tragique (« Perfide Alonzo ») ; mais il reste un personnage bourgeois. En tant que médecin, il utilise aussi le jargon de son métier.

3

THÈMES

1 - L'AMOUR AU CŒUR DE L'INTRIGUE

▪ L'amour, un sentiment noble

Au XVIIIe siècle, l'amour reste une passion noble. On se rappelle qu'à l'époque classique, notamment dans les romans extravagants de Madeleine de Scudéry ou d'Honoré d'Urfé, la passion soulève l'enthousiasme des aristocrates et les incite à se dépasser. Au théâtre, seuls les maîtres éprouvent des sentiments amoureux et s'avèrent capables de les nuancer. Quand, dans *Le Mariage de Figaro,* le valet affirme sa sensibilité, il franchit un échelon symbolique important dans la hiérarchie qui le rapproche de son maître.

Dans *Le Barbier de Séville*, il n'apparaît pas comme un personnage séduisant, mais comme un fin psychologue des pratiques amoureuses ; il dispense de judicieux conseils au comte. Alors qu'Almaviva incarne la jeunesse soulevée par l'élan de la passion, **le barbier expérimenté formule les principes généraux de la rhétorique amoureuse** : « Si elle vous nomme audacieux, vous l'appellerez cruelle. Les femmes aiment beaucoup qu'on les appelle cruelles » (IV, 5).

La passion amoureuse est réservée aux aristocrates et, plus encore, elle semble prouver la noblesse réelle d'Almaviva, lassé par les intrigues de la cour : « Je suis las des conquêtes que l'intérêt, la convenance ou la vanité nous présentent sans cesse. Il est si doux d'être aimé pour soi-même ; et si je pouvais m'assurer sous ce déguisement... » (I, 1). Il poursuit une fin louable en affirmant, dès son entrée en scène, le désir de se faire aimer pour ce qu'il est.

■ Les ambiguïtés d'Almaviva

Cependant, les intentions initiales d'Almaviva demeurent obscures ; car, dans les premières scènes, il ignore encore que Rosine n'est pas mariée à Bartholo. Que vient-il donc faire sous les fenêtres de la belle ? : « J'étais résolu, affirme-t-il, de tout oser pour lui présenter mes regrets, et je la trouve libre ! » (I, 4). Ce projet ne convainc guère. Mais la question reste posée de savoir pourquoi Beaumarchais commence par le présenter comme un amoureux transi, errant sous les fenêtres d'une femme mariée. Peut-on croire qu'il aurait satisfait longtemps aux exigences de ce rôle ? Les révélations de Figaro le déterminent à se « faire aimer » et à épouser la jeune fille. Cette intention moralise ses actions, car l'amour excuse toutes les mises en scène.

Si nous ne craignions d'être trop influencé par notre lecture du *Mariage de Figaro*, où le comte délaisse son épouse pour s'adonner au libertinage, nous pourrions presque le soupçonner de nourrir pour la pupille du médecin la passion qu'inspire le fruit défendu. Gardons-nous de trop projeter sur le jeune Almaviva le jugement que mérite le comportement de l'homme mûr. Cependant, dans la première comédie, il trahit sa connaissance des pratiques libertines : même s'il se dit lassé des relations frivoles ou intéressées, il n'en forge pas moins un scénario que n'aurait pas désavoué le vicomte de Valmont, héros des *Liaisons dangereuses* de Laclos. À l'acte III, il suggère à Bartholo de raconter à Rosine qu'Almaviva a donné sa lettre à une de ses maîtresses pour se moquer d'elle. Qu'il recoure à cette échappatoire dans l'urgence n'en est que plus significatif de son habitude des pratiques libertines.

▪ Le théâtre sur la scène du théâtre

La **surveillance** exercée par Bartholo sur sa pupille induit une grande complexité dramaturgique. Dès l'acte I, scènes 3 et 5, Figaro et le comte se dissimulent dans la rue. Nous assistons ensuite à une comédie dans la comédie, avec le barbier pour metteur en scène. À la fin de l'acte I se déroule une scène de répétition : comme mis au défi, le comte joue le rôle d'un soldat pris de vin. Le barbier apprécie ses aptitudes de comédien et lui conseille plus de réalisme - ce à quoi le comte rétorque que l'expressivité est chose populaire. Ce bref échange témoigne des liens noués par la hiérarchie sociale et la distinction des genres, mais aussi du débat qui agite les milieux littéraires depuis Molière au sujet du naturel dans l'interprétation d'un personnage au théâtre.

Ensuite, pour communiquer avec Rosine en dépit de Bartholo, le comte se livre à de constantes improvisations sur la scène alors que Figaro œuvre dans les coulisses. **L'espace scénique se dédouble** : Almaviva se glisse dans le rôle de Lindor (I, 6) puis, déguisé en soldat, il parvient à remettre une lettre à Rosine (II. 14). Au cours de l'acte III, la multiplication des didascalies rend compte de la complexité du jeu à jouer pour détourner les soupçons de Bartholo. Ensuite, pendant la leçon de musique (III, 4), les amoureux jouent sur les ambiguïtés du langage ; le comte tente de parler à Rosine pendant le dialogue noué par Figaro et

Bartholo comme en témoigne cette didascalie (III, 5) : « *Pendant toute cette scène, le comte fait ce qu'il peut pour parler à Rosine, mais l'œil inquiet et vigilant du tuteur l'en empêche toujours, ce qui forme un jeu muet de tous les acteurs, étranger au débat du docteur et de Figaro.* » Plus tard (III, 12), Figaro tente d'empêcher Bartholo d'espionner les amoureux en lui étendant son linge de barbier devant les yeux ; pendant ce temps, le comte avertit Rosine de sa venue à minuit.

▪ Le langage comme instrument de l'échange amoureux

Dans *Le Barbier de Séville*, les personnages recourent à tous les moyens traditionnels pour parvenir à communiquer en dépit de la surveillance du barbon : le billet, la lettre et la chanson à double entente constituent autant d'instruments dramaturgiques se prêtant aux références internes plaisantes. « Il (Bartholo) demandait ce que c'est que *La précaution inutile* » (Figaro ; I, 4). Seul le contenu de la première missive, où Rosine feint la curiosité, est communiqué au spectateur afin de préserver la vertu de la jeune fille (I, 4).

Ensuite, la lettre qu'elle confie à Figaro à l'intention de Lindor (II, 2) vaut moins pour son contenu que comme objet. Le comte joue sur les mots en incitant la jeune fille à saisir la « lettre » en tant qu'objet (II, 14), et non pas seulement l'esprit de ses propos. Elle fonctionne comme une confirmation de l'intérêt porté par Rosine au comte (III, 2), mais aussi comme un révélateur de la duplicité des personnages : preuve du mensonge de la pupille à son tuteur (II, 11), puis de la fourberie de la pupille (III, 2) et, enfin, de la prétendue trahison du comte (IV, 3). De même, la lettre d'Almaviva à Rosine (II, 14) devient le prétexte d'une substitution par la missive d'un cousin officier. La dispute tourne à la confusion de Bartholo (II, 15); mais, comme elle conseille à la jeune fille de feindre la colère, elle risque d'empêcher la rencontre des amoureux.

Au théâtre, tout passe à travers la parole et les jeux de scène. En outre, dans *Le Barbier de Séville*, le langage à double entente devient le vecteur complexe du sentiment : au sens dénoté s'ajoute la suggestion connotée. Ainsi, le comte entonne une chanson : « en amour, le cœur n'est pas difficile sur les productions de l'esprit... » remarque Figaro, qui encourage son ancien maître à improviser (I, 6). Puis, le **ton** de Rosine révèle son émotion amoureuse : « Ah! la pauvre petite, comme elle tremble en chantant! Elle est prise, monseigneur » (Figaro; I, 6). Alors que la **distraction** du comte témoigne de sa passion, la parole en excès, le **bavardage**, trahit Bartholo, annonçant qu'il prépare son mariage secret pour le lendemain (I, 5). En fait, le langage devient l'instrument d'un **jeu complexe entre le vrai et le faux :** le comte raconte la vérité à Bartholo pour mieux le duper (III, 2).

▪ Le double jeu amoureux

Le comte ne songe donc qu'à communiquer avec l'objet aimé. En témoigne son attitude au premier acte, lorsqu'il attend son apparition sur scène et que son ancien valet lui fait remarquer ses « absences ». Beaumarchais décharge Almaviva de la responsabilité de la machination ourdie par Figaro. Même s'il en joue le premier rôle, un Grand d'Espagne ne saurait s'abaisser à forger un plan retors. En outre, il fait du comte un novice dans le double jeu sentimental pour éviter de lui attribuer une préméditation et une dissimulation peu flatteuses pour un noble.

Inspiré par la passion, le comte improvise une chanson (I, 6), qui n'en joue pas moins sur un double registre : il interprète le rôle de Lindor, personnage traditionnel des intrigues sentimentales dans les comédies, et les chansons du XVIIIe siècle. « Je suis Lindor, ma naissance est commune, / Mes vœux sont ceux d'un simple bachelier ; / Que n'ai-je, hélas ! d'un brillant chevalier / A vous offrir le rang et la fortune ! » (I, 6). Là, le maître et le valet pourraient échanger leurs fonctions : « Et comment, diable ! je ne ferais pas mieux, moi qui m'en pique », reconnaît le barbier, séduit par le jeu d'Almaviva. Ainsi, le projet amoureux justifie la manipulation ; double manœuvre puisqu'elle concerne Rosine et Bartholo.

Figaro devient, sur le plateau, le spectateur de cette mise en scène qu'il juge excellente. Le public et le lecteur ne peuvent s'empêcher de penser qu'il apprécie une **scène de séduction** à sa juste valeur et que, ce faisant, il prouve son expérience dans les jeux de l'amour. Nul doute que l'auteur n'ait cherché à produire un effet de distanciation comique – si ce n'est de voyeurisme. En fait, l'artifice et le naturel semblent ici se mêler : sentiment naturel, l'amour est vécu selon les normes de la convention.

Figaro démystifie les alibis galants et traduit, avec réalisme, les propos de l'amoureux : « Que de grâces ! que d'esprit ! », dit le comte. « Que de ruse ! que d'amour ! » corrige Figaro (I, 6). Beaumarchais se livre à une démystification du processus que Stendhal qualifiera de « cristallisation amoureuse », consistant à projeter sur l'être aimé les qualités qu'on lui prête. Le comte se rend sympathique par l'incertitude où il se trouve et les questions posées à son ancien valet. Notons, cependant, une légère hésitation dans la formulation de son projet matrimonial : « C'en est fait, je suis à ma Rosine... pour la vie. » L'époque ne croit pas à l'amour éternel et Figaro ironise, considérant ces propos non comme l'expression d'une conviction inébranlable mais comme une formule de séducteur. De même, il feint de croire les justifications de Rosine : « (...) c'est par pure amitié tout ce que je fais. Figaro. Cela parle de soi. Tudieu ! L'amour a bien une autre allure ! » (II, 2). Il respecte la candeur de la jeune fille, qui semble moins naïve à l'acte suivant où, « **regardant le comte** » elle dit : « Le coup m'a porté au cœur » (III, 4).

■ La recherche du bonheur amoureux

Dès la première scène, Almaviva se présente comme un amoureux transi, un adepte d'un amour courtois d'ores et déjà anachronique. En des temps où la noblesse s'adonne au libertinage sous le couvert d'une hypocrite pruderie, « un Espagnol du temps d'Isabelle » évoque un passé révolu, sans que son auteur trahisse pour autant une quelconque nostalgie pour cette époque démodée – en témoigne la connotation peu élogieuse suggérée par la formulation de l'expression. Le comte n'exprime pas le regret des temps anciens, mais se borne à constater la diversité des moyens possibles pour parvenir au bonheur : « Chacun court après le bonheur. Il est pour moi dans le cœur de Rosine » (I, 1).

Le concept de bonheur personnel est une chose neuve dans l'Europe du XVIIIe siècle. Les moralistes du XVIIe siècle jugeaient inévitable que la condition humaine se situe entre deux pôles : « les convulsions de l'inquiétude » et « la léthargie de l'ennui », pour reprendre la formulation donnée par Voltaire dans *Candide*. Les philosophes des Lumières considèrent comme légitimes les aspirations des individus à éviter ces deux écueils. Le libertin trouve dans le plaisir un moyen de parvenir à une forme de félicité, réprouvée par les moralistes. À l'inverse du libertin, le comte ne refuse pas l'amour et cherche à « être aimé pour soi-même ».

En somme, il traduit, dans son monologue inaugural, le revirement qui se dessine dans la deuxième moitié du XVIIIe siècle : la montée d'une sensibilité et le recul de la frivolité. Il représente bien son siècle, pour qui l'amour est « la grande affaire de la vie », comme le dit Julie à Saint-Preux dans *La Nouvelle Héloïse* de Rousseau. Les contemporains de Beaumarchais font de l'amour lucide un des moyens privilégiés pour parvenir au bonheur : il ne s'agit pas de souffrir les affres d'une passion aveugle mais de connaître un amour véritable et désintéressé.

L'attitude du comte vis-à-vis de Rosine témoigne de cette ambition. Il veut être aimé pour lui-même, autrement dit, même pauvre, car la signification qu'il donne à ce « lui-même » renvoie à son statut social. « Puisque j'ai commencé à l'intéresser sans être connu d'elle, ne quittons point le nom de Lindor que j'ai pris; **mon triomphe en aura plus de charmes** » (I, 6). Le dénouement confirme son attente : « Ah, Rosine ! il est donc vrai que vous m'aimez véritablement !... » (IV, 6). Quant à Rosine, elle incarne une jeune fille choisie pour elle-même, et non pour sa fortune ou pour son haut rang. Selon Figaro, elle devrait même se convaincre de l'honnêteté du comte par la simple connaissance de sa véritable identité : « Au surplus, si son amour est tel que vous le désirez, vous lui direz qui vous êtes; elle ne doutera plus de vos sentiments » (IV, 5).

Au mépris de tout échange amoureux, Bartholo cherche son bonheur personnel et l'identifie avec la possession d'une femme-objet dénuée de volonté. À l'inverse, Bazile, porte-parole de l'auteur, le place dans la jouissance de ses possessions : « En toute espèce de biens, posséder est peu de chose ; c'est jouir qui rend heureux : mon avis est qu'épouser une femme dont on n'est point aimé, c'est s'exposer... » (IV, 1). Le prétendu rapport d'autorité dont le tuteur se réclame encore au dénouement, s'avère sans force devant la loi naturelle du sentiment réciproque.

▪ La définition de l'obstacle

Opiniâtre, Beaumarchais finit par s'imposer au théâtre, alors même que ses comédies lui valurent les critiques des censeurs et que leurs représentations lui attirèrent les foudres de la cabale. En somme, dans sa vie, il obéit à un principe psychologique bien connu : l'obstacle donne du prix à la conquête de l'objet du désir. Il exploite ce ressort dramatique éprouvé dans *Le Barbier de Séville.* En effet, Bartholo attise l'intérêt d'Almaviva pour sa pupille en dressant devant lui des obstacles, en apparence insurmontables. Il agit contre son intérêt en multipliant les obstacles, rendant ainsi sa pupille encore plus attirante. L'opposition relève ici d'un conflit extérieur au couple formé par le comte et Rosine, et à la rivalité qui dresse le Grand d'Espagne contre le docteur. Mais le **phénomène de triangulation** ne s'avère pas étranger, semble-t-il, au déclenchement de la passion : sans le vieux médecin, le comte aurait-il manifesté la même opiniâtreté dans son entreprise de séduction ?

Obsédé par le complot qui va lui arracher sa pupille, Bartholo tente de maintenir les lieux clos et ne cesse de déplorer l'ouverture de l'espace : « Et personne à l'antichambre ! On arrive à cet appartement comme à la place d'armes ! » (II, 4). « Je veux fermer la porte de la rue » (II, 8). Or, l'ennemi est dans la place. Sur la suggestion de Rosine, Figaro se cache même dans le cabinet du clavecin (II, 2) et apprend tout des projets fomentés par le médecin. Alors que Bartholo se précipite pour fermer la porte de la rue, le barbier annonce : « moi je vais la rouvrir au comte en sortant » (II, 9). Par la technique du double-fond, la stratégie de l'ouverture vient à bout de la tactique de la clôture, de l'enfermement à la fois spatial et psychologique.

Vieillard dépourvu de toute séduction, le barbon s'enferme dans ses propres certitudes et se révèle incapable de toute remise en question. S'il aimait vraiment Rosine, il devrait tenter de lui inspirer, pour le moins, quelque tendresse. Or, il ignore toute considération autre que personnelle. Aussi le spectateur ne saurait que sourire en entendant les propos suivants : « Faites tout au monde pour plaire aux femmes ; si vous omettez un seul petit point... je dis un seul... » (III, 1).

Qu'a-t-il donc tenté pour « plaire » à sa pupille ? Il s'exonère de tout effort de séduction et considère que Rosine doit s'efforcer de l'aimer : « Si tu pouvais m'aimer ! lui lance-t-il, ah, comme tu serais heureuse ! Rosine, *baissant les yeux* : Si vous pouviez me plaire, ah ! comme je vous aimerais ! » (II, 15.) Le tuteur inverse la perspective en rendant la jeune fille responsable de son absence d'inclination pour lui, et en supposant qu'elle peut raisonner ses sentiments. Sa rigidité psychologique constitue un obstacle interne à toute ébauche de relation amoureuse.

▪ L'éveil sentimental de la jeune fille

À travers les propos que Rosine tient à Figaro (II, 2), Beaumarchais met en scène l'amour naissant d'une jeune fille beaucoup plus naïve que les héroïnes de Marivaux. En effet, ces dernières savent subtilement allier une inclination naturelle avec l'artifice de leurs conventions, à la fois sociales et individuelles. Sylvia, dans *Le Jeu de l'amour et du hasard*, ou Araminte, dans *Les Fausses confidences*, ne veulent pas admettre qu'elles aiment un homme inférieur à elles dans la hiérarchie sociale. Leur façon de vivre leur passion trahit leur éducation. Rosine paraît désarmée devant la suspicion de Bartholo.

Ignorant le préjugé nobiliaire, elle ne semble pas s'offusquer de plaire et d'aimer un parent de Figaro (II, 2). À l'inverse, les ingénues de Marivaux doivent admettre qu'elles aiment, et parfois en dessous de leur condition, commé Araminte. Dans *Le Barbier de Séville*, Figaro s'entremet pour représenter le comte, alias Lindor, auprès de la jeune fille.

Elle peut paraître toute prête à se laisser corrompre. Sa vertu n'est pourtant pas atteinte, car le comte a des intentions honnêtes. Cependant, dès sa première apparition sur scène (I, 3), elle éprouve elle-même la nécessité de justifier sa conduite en invoquant l'esclavage où la maintient Bartholo. Elle n'ignore pas les risques qu'elle prend et s'enquiert, auprès de Figaro, de l'honnêteté du jeune Lindor. De fait, Rosine s'expose à se retrouver séduite et abandonnée par un infâme suborneur, comme la malheureuse Eugénie dans le drame qui porte son nom (voir I, 2). En l'occurrence, la comédie pourrait évoluer vers le drame. Aussi certains critiques jugent-ils légère la conduite de Rosine. En témoignent les propos que tint Sedaine peu avant la première du *Mariage de Figaro* :

> « Cette Rosine s'est prêtée avec tant de finesse à tromper le docteur qu'on ne peut s'empêcher d'imaginer qu'un jour elle trompera son mari, et je ne suis pas le seul qui en a fait la réflexion. »

En fait, sa claustration même érige Rosine en objet d'un désir interdit pour le comte, ce qui lui inspire une **légitime aspiration à la liberté** : « **L'ennui** me tue » affirme-t-elle, soulignant la responsabilité des éducateurs trop stricts dans le développement d'une imagination souvent coupable, à cause d'une **disponibilité amoureuse.** Les jeunes filles persécutées se jettent dans les bras du premier prince charmant venu. « Je suis bien loin d'avoir cet usage du monde, qui, me dit-il (Bartholo) souvent, assure le maintien des femmes en toute occasion ! Mais un homme injuste parviendrait à faire une rusée de l'innocence même » remarque Rosine, non sans lucidité (II, 15). Le tuteur serait alors le seul responsable de l'éventuel dévoiement de sa pupille. Au dénouement, Figaro sous-entend cette interprétation en tentant de rassurer le comte, inquiet de la réaction finale de Rosine : « Vous avez pour vous trois passions toutes-puissantes sur le beau sexe : l'amour, la haine, et la crainte » (IV, 5).

En outre, au XVIIIe siècle, **la nature** retrouve une légitimité perdue à l'époque classique ; elle justifie l'amour des deux jeunes gens. À l'inverse, une pupille et son tuteur ne pourraient former qu'une union désaccordée. Figaro remarque avec réalisme : « La pauvre jeunesse est si malheureuse aujourd'hui, affirme-t-il, qu'elle n'a que ce terrible choix : amour sans repos, ou repos sans amour » (II, 2). Cette « définition » permet d'introduire une tonalité comique dans un dialogue tendrement enjoué. Elle témoigne d'un réalisme caractéristique de la tendance contemporaine, qui allie des pratiques libertines avec une nostalgie sentimentale. Figaro semble prôner le rejet d'une anticipation du danger, contraire au bonheur : « (...) quand on cède à la peur du mal, on ressent déjà le mal de la peur. »

▪ L'amour comme relation de pouvoir

Beaumarchais ne fait pas du tuteur un ignorant adepte de l'inculture féminine, mais un représentant de la misogynie ordinaire attaché à un système de principes obsolète. À Rosine qui se révolte et prétend vouloir demander de l'aide au premier venu, il répond sans ciller : « Nous ne sommes pas ici en France, où l'on donne toujours raison aux femmes (...) » (II, 15). Cette réflexion peut lui valoir certaines sympathies dans tous les publics, preuve que le sexisme est de toutes les époques et de tous les pays. En fait, il représente la tendance misogyne que chaque homme recèle en lui-même : « Ah ! fiez-vous à tout le monde, et vous aurez bientôt à la maison une bonne femme pour vous tromper, de bons amis pour vous la souffler, et de bons valets pour les y aider » (II, 4).

Dupe redoutable, et non cocu magnifique, Bartholo veut s'assurer de son pouvoir sur Rosine : « Cet homme a un instinct de jalousie !... », constate Rosine (II, 11). La jalousie vient du sentiment d'être en droit de posséder un être – alors que l'envie traduit le désir de s'emparer du bien d'autrui. Le tuteur ne songe qu'à dominer sa pupille ; aussi finit-il par échouer dans son entreprise tyrannique. Il lance au maître de musique ces mots édifiants : « Il vaut mieux qu'elle pleure de m'avoir, que moi je meure de ne l'avoir pas. » Et, quand il croit avoir gagné la partie, il triomphe : « À la fin, je la tiens » (IV, 3). Le dénouement montre l'échec du « malheureux tuteur, abusé par toutes les précautions qu'il prend pour ne le point être, à la fois forcé de signer au contrat du Comte et d'approuver ce qu'il n'a pu prévenir » (*Lettre modérée*). Son erreur consiste à abandonner la place, à sortir de chez lui pour « chercher main-forte » pour le cas où Almaviva serait armé... Là encore, il utilise le lexique de l'argent pour mettre Rosine de son côté : « Arrêté comme voleur, nous aurons le plaisir d'en être à la fois vengés et délivrés ! Et compte que mon amour te dédommagera... » Même en ces circonstances, il ne peut s'empêcher de faire ses

« comptes ». Il ne songe qu'à identifier sa pupille à lui-même, lui interdisant de s'émanciper. Et, au dénouement, il capitule, consolé, en dépit de ses allégations, par la perspective de jouir des biens de Rosine...

2 - LES RELATIONS HUMAINES ? DES RAPPORTS DE POUVOIR

En matière de politique, Beaumarchais regrette que l'ordre naturel ne puisse fournir une base solide à la société humaine. « Pour suivre l'ordre moral, on fait partout violence à l'ordre physique, partout **les penchants les plus naturels sont en contradiction avec les devoirs** », écrit-il dans ses *Notes et réflexions* (p. 40). En effet, la bonté naturelle de l'être humain entre en conflit avec ses intérêts personnels. Dans *Le Barbier de Séville*, Figaro se fait l'interprète de l'empirisme de son auteur, quelque nostalgie qu'il nourrisse pour une société humaniste. « Peste ! comme l'utilité vous a bientôt rapproché les distances ! » lance-t-il avec ironie (I, 4). De manière générale, Beaumarchais s'insurge contre toutes les formes d'oppression, mais il juge, avec réalisme, que toutes les relations humaines relèvent peu ou prou de rapports de pouvoir.

En fait, **Beaumarchais choisit le camp de la jeunesse**. Dans *Le Barbier de Séville*, le comte et le valet s'allient pour s'opposer au conservateur oppresseur, Bartholo. Le couple formé par Almaviva et Figaro témoigne de la réalité sociale du XVIIIe siècle : les aristocrates constituent un ordre mouvant et tous ne sont pas des réactionnaires obtus. Il n'est que de se souvenir du prince de Conti, protecteur de Beaumarchais, ou de M. de Malesherbes, qui joua un rôle non négligeable dans la vie de Rousseau. Jeune personne de qualité, Rosine est d'une condition inférieure à celle d'un grand d'Espagne comme Almaviva – dont le nom même (en espagnol, *alma* signifie « âme, principe vital et énergétique ») rend compte de la perspective adoptée par son auteur.

■ Une « précaution inutile » devant le pouvoir de la nature

Les hommes et les femmes dans une société misogyne

Les philosophes des Lumières dénoncent le sort fait aux femmes. Dans *Jacques le Fataliste*, Diderot imagine une héroïne machiavélique, la fameuse Mme de la Pommeraye, qui ourdit une terrible vengeance. Son narrateur accuse la société d'encourager des comportements immoraux en exerçant sur les femmes une injuste violence. Leur condition est celle de mineures mises en tutelle par une société misogyne où règne un préjugé favorable aux hommes. Les personnages masculins du *Barbier de Séville* partagent la même incompréhension de l'éternel féminin. Et Figaro se fait l'interprète de la tradition en expliquant comment l'esprit vient aux femmes : « Oh ! ces femmes ! voulez-vous donner de l'adresse à la plus ingénue ? enfermez-la » (I, 4). Mais il ne prête pas aux femmes des intentions forcément retorses et immorales. Dans *Le Mariage de Figaro*, Beaumarchais fera de Marceline une ardente militante de la cause féminine.

À l'inverse, Bartholo incarne le personnage du misogyne soupçonneux qui prête aux femmes une tendance naturelle à la duplicité : « Qui diable entend quelque chose à la bizarrerie des femmes ? et combien j'en ai vu de ces vertus à principes... » (II, 4). Intégriste de la domination masculine, il juge avec mépris les femmes promptes à céder à la moindre sollicitation et n'imagine que tentations sexuelles. Ainsi, il accuse Rosine de nouer un coupable commerce avec Figaro. La jeune fille s'indigne : « Mais, monsieur, s'il suffit d'être homme pour nous plaire, pourquoi donc me déplaisez-vous si fort ? » (II, 4). Cette réplique résume l'attitude du moraliste hypocrite qui prête à autrui ses propres obsessions.

À la différence d'Arnolphe dans *L'École des femmes* de Molière, Bartholo ne maintient pas sa pupille dans une ignorance totale ; mais, de manière générale, il se moque de toutes les innovations et considère le progrès comme contraire à l'instauration et au maintien de son pouvoir psychologique. On le sait, les philosophes des Lumières jugent l'éducation essentielle à la propagation des idées et à la libération des esprits. Aussi le tuteur cantonne-t-il sa pupille dans le cadre très restreint des activités traditionnellement dévolues aux femmes : elle sait lire, elle apprend à chanter. De fait, ces occupations relèvent d'**une conception étroite de la condition féminine**.

En tant que tuteur, Bartholo exerce son autorité sur sa pupille, considérée comme une personne mineure. Le jeune âge de Rosine rend naturelle et crédible cette fonction de tuteur. On ne peut s'empêcher de songer qu'à travers la situation de pupille, Beaumarchais a voulu symboliser la condition féminine de son époque. En effet, jusqu'au début du XXe siècle, la loi considère **la femme, même mariée, comme une mineure en puissance de mari**. Aussi, au théâtre, la jeune veuve incarne-t-elle souvent une femme enfin délivrée d'un mari qu'elle n'a pas choisi, mais dont elle peut gérer l'héritage à sa guise comme, par exemple, Araminte dans *Les Fausses confidences* de Marivaux. L'émancipation finale de Rosine, la mauvaise gestion des comptes de tutelle dont s'est rendu coupable Bartholo... autant d'indices qui laissent à penser que le barbon incarne la force despotique d'une loi sans rapport avec la légitimité naturelle.

La révolte contre une autorité abusive

Bien qu'il incarne le personne de l'hypocrite, Bazile expose avec clarté et réalisme sa situation à Bartholo pour le persuader de payer ses services au prix fort : « un mariage inégal, un jugement inique, un passe-droit évident » (II, 9). En effet, le tuteur, d'extraction modeste, beaucoup plus âgé que sa pupille, d'origine noble, prétend l'épouser sans la consulter. Le « jugement inique » fait peut-être allusion à la spoliation par Bartholo des biens de Rosine. Cette dernière en fait état peu après que le docteur ait démasqué Alonzo : « Oui, je le dis tout haut : je donnerai mon cœur et ma main à celui qui pourra m'arracher de cette horrible prison, où ma personne et mon bien sont retenus contre toute justice » (III, 12). Victime, Rosine incarne la femme opprimée par toutes les sociétés misogynes qui font de l'enfermement une solution à l'instauration de l'ordre imposé par le désir masculin – et, plus encore, par l'intérêt masculin. Dans *Le Mariage de Figaro*, le comte tentera de présenter la recherche de son plaisir sous les apparences d'une loi archaïque, le droit de cuissage. Comme Rousseau, Beaumarchais pense que la loi positive avalise un état de faits instauré par le plus fort, et perpétué par une manipulation psychologique.

Enfin, au dénouement, l'alcade dénonce l'égoïsme du vieillard qui ne songe pas au bonheur de sa pupille et refuse de la donner à Almaviva, un Grand d'Espagne : « Et cette inutile résistance au plus honorable mariage indique assez sa frayeur sur la mauvaise administration des biens de sa pupille, dont il faudra qu'il rende compte » (IV, 8). En fait, Bartholo est un homme malhonnête qui ne recule devant aucune malversation et qui n'hésiterait pas à recourir au crime pour se défaire en toute impunité d'un rival importun, « en s'embusquant le soir, armé, cuirassé... » (II, 8). Sous le couvert de ses devoirs, il dissimule un égoïsme que Beaumarchais identifie au principe même du despotisme. Ne pas considérer autrui comme son égal équivaut à exercer sur lui une tyrannie honteuse. Nous retrouvons ici la distinction rousseauiste entre l'amour-propre, individualiste, et l'amour de soi, c'est-à-dire de l'humanité en soi.

La révolte d'une victime amoureuse

Dans ses comédies, Beaumarchais dissimule la volonté « morale » qui lui vient de son goût pour le drame, sous le masque aimable de l'amour. En effet, la passion établit entre les êtres des rapports de domination ou de réciprocité. Dans *Le Barbier de Séville*, Rosine passe des premiers aux seconds avec Almaviva.

Quand elle parle de son tuteur, elle exploite le lexique de l'esclavage (I, 3, 4 ; II, 1, 3 ; III, 12). Elle se révolte contre lui à deux reprises quand il formule à son encontre des soupçons infamants (II, 4), et lorsqu'il exige d'elle la remise de la lettre (II, 15). Elle réclame une égalité de traitement entre hommes et femmes : « Vais-je examiner les papiers qui vous arrivent ? Pourquoi vous donnez-vous les airs de toucher à ceux qui me sont adressés ? Si c'est jalousie, elle m'insulte ; s'il s'agit de l'abus d'une autorité usurpée, j'en suis plus révoltée encore. » Pour la première fois, elle s'affirme en tant que personne à part entière face à Bartholo, déconcerté par cette résistance nouvelle.

Plus tard, dans *Le Mariage de Figaro*, le comte, libertin mûrissant, prétendra exercer un pouvoir abusif par le biais de la sexualité. Dans cette pièce, Beaumarchais, don juan magnanime, laisse la victoire aux femmes et situe les rapports de pouvoir sur le plan naturel, plus que dans la hiérarchie sociale.

■ La légitimité dans l'ordre naturel

Le comte veut investir la demeure du barbon et y instaurer **l'ordre, légitime, du désir, de la nature et de la jeunesse**. Poussé par la jalousie, Bartholo voudrait être le gardien de l'espace dont la jalousie constitue le symbole concret. En effet, il abuse de son pouvoir en empêchant sa pupille de sortir et, plus encore, de sortir à sa fenêtre, ce qui constitue un attentat à la liberté de la personne. Il pourrait être compréhensible que, par souci de sa vertu, il veille à conserver sa pupille pure ; mais il outrepasse ses droits en la séquestrant. Il incarne le représentant de l'ordre ancien, clos et interdisant toute expression personnelle, de même que toute aspiration à la liberté. Dans *Le Barbier de Séville*, l'espace devient, en quelque sorte, la représentation visible des rapports établis entre eux par les personnages.

Le conflit de générations souligne encore la **tyrannie** du tuteur, qui s'autorise d'une pratique courante pour imposer un **pouvoir abusif parce que contre nature**. En effet, le comte insiste sur le grand âge du docteur. « Je vous ai pris pour son bisaïeul paternel, maternel, sempiternel : il y a au moins trois générations entre elle et vous » (II, 14). Tout au long de la pièce, le décalage s'accuse entre Bartholo et Almaviva, jeune et aimable. « Oui, lance le barbier au vieux docteur, une jeune femme, et un grand âge, voilà ce qui trouble la tête d'un vieillard » (III, 13).

Au dénouement, les efforts conjugués d'Almaviva et de Figaro font triompher le droit, avalisé par la loi et légitimé par la nature. Devant l'amour, les conditions sociales s'égalisent, et le comte ne saurait se prévaloir de sa haute position dans la noblesse pour enlever Rosine à son tuteur. Il ne reconnaît que l'autorité de l'inclination naturelle, niée par Bartholo, et se fait alors l'interprète de Beaumarchais pour définir le rôle de la justice : « Les vrais magistrats sont les soutiens de tous ceux qu'on opprime » (IV, 8). La précision apportée par l'adjectif qualificatif laisse entendre qu'il existe de « faux » magistrats, autrement dit des hommes de loi qui, comme Brid'oison dans *Le Mariage de Figaro*, s'autorisent de questions de forme pour imposer le prétendu droit des puissants sous le couvert de mises en scènes. Ainsi, Beaumarchais sous-entend que la loi n'est pas toujours bonne et qu'il convient de ne pas lui obéir, ou du moins de l'appliquer sans discernement. Autrefois juge de petits délits de chasse, puis avocat de sa propre cause, il a pu en faire l'expérience des deux côtés de la barrière.

▪ Les figures du maître

Les rapports d'autorité abusifs

Vis-à-vis de ses domestiques, Bartholo se conduit comme un maître tyrannique. En effet, dans *Le Barbier de Séville* (comme, plus tard, dans *Le Mariage de Figaro*), Beaumarchais introduit **deux valets stupides : la Jeunesse et l'Éveillé**, qui, venus de la parade ou de la comédie populaire, remplissent une fonction comique et permettent aussi de donner à voir l'inhumanité de Bartholo. Beaumarchais caricature le mauvais maître en le présentant comme un despote qui exerce sa propre loi, ignore la justice et impose sa conception personnelle de la vérité.

Au travers des propos outranciers tenus par le vieillard, l'auteur dénonce la société de l'Ancien Régime qui instaure et avalise les privilèges. Cependant, l'abus de pouvoir émane non d'un noble mais d'un roturier : « De la justice ! C'est bon entre vous autres misérables, la justice ! Je suis votre maître, moi, pour avoir toujours raison » (II, 7). Bartholo prétend, en effet, se situer au-dessus de la valetaille. En fait, évitant tout manichéisme réducteur, Beaumarchais attaque aussi le tiers état : les bourgeois exploitent et perpétuent les inégalités à l'intérieur d'une chaîne de dominants et de dominés.

Dans une précédente version, il faisait de Rosine et des deux valets maltraités des victimes de Bartholo. Le texte définitif allège la critique sociale en accentuant son aspect comique ; mais la satire politique n'en demeure pas moins présente en filigrane, à travers les prétentions hyperboliques du vieillard : « Quand une chose est vraie ! Si je ne veux pas qu'elle soit vraie, je prétends bien qu'elle ne soit pas vraie. Il n'y aurait qu'à permettre à tous ces faquins-là d'avoir raison, vous verriez bientôt ce que deviendrait l'autorité. » On ne saurait être plus clair sur l'asservissement psychologique, fondement de toute tyrannie.

Incarnation du mauvais maître, Bartholo dédaigne le drame, se moque de la « liberté de penser » et de l'*Encyclopédie*. Dirigé par le littéraire Diderot et le scientifique d'Alembert, ce dictionnaire constituait au XVIIIe siècle un instrument de vulgarisation cher aux philosophes des Lumières, pour qui l'instruction seule pouvait libérer l'homme de la servitude. En outre, le médecin méprise des découvertes aussi importantes pour l'humanité que « l'attraction, l'électricité, le tolérantisme, l'inoculation, le quinquina »... (I, 3). Beaumarchais force le trait pour rendre grotesque et odieux ce personnage.

Enfin, Bartholo, en tant que **médecin**, prétend œuvrer pour le bien de l'humanité. Le comte démystifie ce discours que l'on qualifierait, de nos jours, de politiquement correct ou de langue de bois : « Il vous sied bien, manipulateur ignorant, de ravaler ainsi le premier, le plus grand et le plus utile des arts ! Le comte. Utile tout à fait pour ceux qui l'exercent » (II, 13). La plus grande preuve de mépris consiste à ne pas imaginer autrui capable de saisir les motivations réelles d'un comportement, et à tenter de faire croire à son désintéressement humaniste.

La complicité du maître et du valet

Dans *Le Barbier de Séville*, l'ancien valet se met au service des intérêts de son maître. Il le représente auprès de Rosine et, à la fin de l'acte I, son exaltation révèle son identification au comte, dont il juge excellent le talent d'improvisateur. Mais Figaro reste un roturier et ne songe pas à changer de condition ou à renverser les barrières sociales. Face au comte, il incarne un personnage réaliste, comme en témoigne l'échange suivant :

> « LE COMTE. – Fi donc ! tu as l'ivresse du peuple.
>
> FIGARO. – C'est la bonne ; c'est celle du plaisir. »

Cette réflexion recèle un potentiel critique, car elle suppose que le peuple est proche de la vérité de la nature.

Cependant, gardons-nous de prêter à Figaro une dimension révolutionnaire, car sa réplique s'intègre aussi dans le cadre traditionnel de la farce réaliste : le peuple y est souvent représenté comme grossier, se laissant aller sans retenue à ses instincts, l'indolence et l'ivrognerie. Ainsi le comte se rappelle de Figaro comme d'un « assez mauvais sujet », un « valet paresseux et dérangé » (I, 2). C'est ici que Beaumarchais place la célèbre réplique : « Aux vertus qu'on exige dans un domestique, Votre Excellence connaît-elle beaucoup de maîtres qui fussent dignes d'être valets ? ». Cette formule bien frappée souligne, encore une fois, la nécessité de distinguer l'homme de sa position sociale. Elle postule l'égalité des êtres humains et les exigences exorbitantes de certains nobles à l'égard de leurs valets, considérés comme des sous-hommes. En effet, la société de l'Ancien Régime est fondée sur le principe d'une différence de nature entre les roturiers, et les aristocrates au sang bleu.

Figaro : une figure du peuple philosophe

Plus que d'une position idéologique, le privilège accordé au barbier dans le premier volet de la trilogie, semble relever de l'investissement personnel de l'auteur. Ce dernier attend du public une participation affective à l'action et chérit son personnage de Figaro en s'identifiant à lui. Cependant, cette prédilection, à elle seule, témoigne d'un renversement des valeurs hiérarchiques : le valet est préféré au maître. Le phénomène s'accuse encore dans la comédie suivante. *Le Mariage de Figaro* réfléchit sur l'appréciation que, malgré qu'il en ait, le spectateur ou le lecteur peut porter sur *Le Barbier de Séville.* Le lecteur tend à prêter au barbier des revendications qu'il ne formule pas et ne semble pas avoir. En fait, il affirme un empirisme qui témoigne des ambitions sociales de son auteur, et non de ses visées révolutionnaires.

En attribuant à Figaro un passé d'homme de lettres, Beaumarchais laisse entendre que l'esprit élève le personnage dans l'échelle hiérarchique. Le barbier possède une caractéristique spécifique : il ose être lui-même sans plus se soucier d'obtenir une gloire illusoire ou de gravir les échelons de la hiérarchie sociale. En fait, cette indifférence, qui avalise peut-être un blocage social, fait de lui un personnage en marge aisément assimilable à un commentateur critique de son époque, si ce n'est un contempteur de ses mœurs, comme il le deviendra dans son fameux monologue du *Mariage de Figaro* (V, 3). En effet, dès sa première apparition, il se pose comme un être sans « complexe » pour oser un terme anachronique – mais, en fait, dans la seconde comédie, il ira toujours vers plus de complexité et vers moins d'efficacité dramatique. Ce solide ancrage dans la réalité, cette acceptation de soi, font de lui un philosophe au sens courant du terme.

Figaro représente donc l'homme du peuple désireux de jouir de l'existence pour parvenir à une forme de bonheur pratique : « Ma foi, monsieur, les hommes n'ayant guère à choisir qu'entre la sottise et la folie, où je ne vois pas de profit, je veux au moins du plaisir ; et vive la joie ! Qui sait si le monde durera encore trois semaines ? » (III, 5). Dénuée d'amertume, sa gaieté ne s'en inscrit pas moins sur un fond de pragmatisme lucide.

En fait, il cherche surtout à prendre du recul face à toutes les situations qui pourraient engendrer une forme quelconque d'antagonisme. En fait, tous les rapports humains sont entés sur des relations de pouvoir. Ainsi, au cours d'une conversation, l'interlocuteur peut soutenir une thèse adverse pour le plaisir de faire triompher ses arguments. Figaro n'a pas cette vanité, comme en témoigne l'échange suivant : « Bartholo. Sachez que quand je dispute avec un fat, je ne lui cède jamais. Figaro. Nous différons en cela, monsieur ! moi je lui cède toujours » (III, 5).

De manière générale, l'intérêt mène le monde et Figaro s'en accommode : « En occupant les gens de leur propre intérêt, on les empêche de nuire à l'intérêt d'autrui. »

> « Le comte. – Punir un fripon en se rendant heureux...
>
> Figaro. – C'est faire à la fois le bien public et particulier : chef-d'œuvre de morale, en vérité, monseigneur ! » (I, 4).

Il ne cherche pas tant à renverser les rapports d'autorité qu'à les éviter : « Je me crus trop heureux d'en (le ministre) être oublié ; persuadé qu'un Grand nous fait assez de bien quand il ne nous fait pas de mal » (I, 2). Larthomas signale le souvenir du moraliste Montaigne : « Les princes me donnent prou s'ils ne m'ôtent rien, et me font assez de bien quand ils ne me font point de mal ; c'est tout ce que j'en demande » (*Essais*, III, 9). En effet, Montaigne adopte un point de vue sceptique sur la réalité : il critique les formes du pouvoir, politique ou judiciaire, mais ne songe pas vraiment à changer de régime. De même, Beaumarchais dénonce en moraliste lucide la société de son temps sans songer à renverser la monarchie pour autant.

La liberté d'être soi-même

Dans toute sa carrière de dramaturge, Beaumarchais songe à moraliser son public, à lui enseigner les vertus de la famille et de l'amitié. Son théâtre repose sur le concept de « disconvenance sociale » qu'il définit dans son manifeste, *Essai sur le genre dramatique sérieux*. Ce principe revient à souligner sur scène l'écart entre ce qu'on attendrait d'un personnage, en vertu de sa psychologie et de son état social, et ce qu'il fait. L'abus de pouvoir consiste à présenter comme l'expression de la loi un acte inspiré par son désir personnel ; c'est ce que fait le barbon dans *Le Barbier de Séville* mais, plus encore, Almaviva dans *Le Mariage de Figaro*.

Or, pour Beaumarchais, le principe premier de la société consiste à exercer le droit d'être heureux. « Chacun court après le bonheur », affirme le comte dès la première scène du *Barbier*. Le deuxième principe découle du premier ; chacun est différent d'autrui et ne saurait subir la dépendance aliénante qui le priverait de sa liberté : **le bonheur consiste à être soi-même**, à agir conformément à sa nature. Aussi l'émancipation des femmes et des êtres opprimés s'avère-t-elle légitime. C'est donc bien au nom de la liberté que Beaumarchais critique les abus de toutes sortes : l'arbitraire de la justice, les intrigues de cour, la presse, etc. Sa volonté de moraliser le public repose sur la foi dans la nécessité d'atteindre un équilibre personnel au sein du groupe : on ne peut pas être heureux seul ; les puissants ne peuvent prétendre posséder qui se refuse à eux.

3 - L'ESPRIT, ARME DU ROTURIER

Encore proche de son acception classique d'« intelligence », l'esprit est à la mode au XVIIIe siècle. Bien introduit à la cour de France, Beaumarchais sait à merveille manier cette arme du roturier. Dans *Le Mariage de Figaro*, son Figaro lancera la formule célèbre : « Ne pouvant avilir l'esprit, on se venge en le maltraitant » (V. 3)..., en écho aux *Caractères* (chap. IX) de La Bruyère, moraliste du XVIIe siècle : « Les grands dédaignent les gens d'esprit méprisent les grands qui n'ont que de la grandeur. » Plus moraliste que philosophe, conforme à la tradition voltairienne, Beaumarchais considère qu'une **révolution socio-culturelle** s'opère dans la société de son temps. Les gens d'esprit possèdent de réels talents, mais les blocages sociaux les cantonnent dans le tiers état.

▪ La satire de la « république des lettres »

Figaro se présente lui-même comme un homme d'esprit revenu de la « république des Lettres » (II, 2). Dès l'époque classique, cette expression s'emploie « en parlant collectivement de tous les gens d'étude » (Furetière, 1690). En effet, comme le précise le dictionnaire de l'Académie (1694), le terme de RÉPUBLIQUE « se prend quelquefois pour toute sorte d'Etat, de gouvernement ». Il retrouve là son sens étymologique de « chose publique », donc « affaires publiques » et « État politique organisé ».

En somme, la « république des lettres » dont parle Figaro réunissait tous les hommes cultivés, quelle que fût leur extraction sociale, car l'intelligence et la culture ignorent, en théorie, les hiérarchies établies par la convention. Cette « république des lettres » témoigne d'un égalitarisme inconnu dans la société réelle de l'Ancien Régime, foncièrement corporatiste. Néanmoins, subventionnée par le pouvoir politique, elle obéit aux principes et aux théories énoncés par l'Académie Française. Elle n'échappe donc pas aux bassesses engendrées par les rivalités qui opposent les auteurs. Beaumarchais connaît le milieu, lui qui a subi les foudres de la censure et les effets désastreux de la claque du public sur ses pièces.

Digne porte-parole de son auteur, Figaro dénonce la république des « loups » (I, 2) et les cabales entretenues en son sein par des auteurs concurrents. Il nourrit une rancune éternelle contre ses ennemis qui ont fait tomber sa pièce, mais à qui il doit de s'être forgé une intrépide philosophie : « Je me presse de rire de tout, de peur d'être obligé d'en pleurer » (I, 2). **Édifié plus que blasé,** il a déjà expérimenté cette réalité concrète : **l'égalité n'existe pas** dès lors que s'établissent des rapports d'émulation entre les individus. Il a donc **choisi de se cantonner dans ses activités de barbier** afin de ne plus être aliéné à sa vanité d'auteur ou tributaire de l'opinion. Mais cette solution, individuelle, relève davantage de la morale privée que de la dénonciation d'un système social. Beaumarchais ne situe pas sa revendication politique sur un plan collectif.

▪ Une satire des milieux littéraires

Beaumarchais ouvre l'atelier de l'artiste et le montre en évolution. Figaro paraît sur scène alors qu'il compose une chanson. Quel genre d'auteur a-t-il donc été ?

D'abord un poète galant et spirituel ; ensuite, un dramaturge. Il semble aussi connaître le métier de chansonnier. Il se moque des livrets d'opéra-comique, qu'il juge sans profondeur : « Eh ! mon Dieu, nos faiseurs d'opéras-comiques n'y regardent pas de si près. Aujourd'hui, ce qui ne vaut pas la peine d'être dit, on le chante » (I, 6). Dans une lettre à son père envoyée d'Espagne, Beaumarchais exprime le même point de vue avec une certaine irritation. « On dit ici, comme en Italie : les paroles ne sont rien, la musique est tout. J'entre en fureur sur une pareille déraison » (*Correspondance*, I, p. 145).

Figaro corrige son texte tout en pratiquant l'autodérision : « Je voudrais finir par quelque chose de beau, de brillant, de scintillant, qui eût l'air d'une pensée » (I, 2). Cette ultime précision fait office de chute dénonçant l'absence de profondeur des belles formules. Mais, en même temps, il cherche à briller pour éblouir les éventuels censeurs : « Hein, hein, quand il y aura des accompagnements là-dessus, nous verrons encore, messieurs de la cabale, si je ne sais ce que je dis. » Il se moque de lui-même : il insiste sur les efforts qu'il a déployés pour se faire applaudir et ne fait aucune allusion au contenu de ses écrits. Le comte, peu enclin à admettre la seule responsabilité de la cabale, ironise. Prétexte de « l'auteur tombé ! ».

L'entrée en scène du personnage permet donc de parodier les attitudes que prennent aisément les littérateurs imbus d'eux-mêmes. Son intérêt pour la littérature cause les infortunes de Figaro, qui connaît le poids des mots et fait un **usage circonspect du langage**. Il réduit les motivations humaines à ce qu'elles sont, c'est-à-dire inspirées par l'intérêt. Ce pragmatisme lucide s'exerce aussi sur la crédibilité du calomniateur : « Il faut un état, une famille, un nom, un rang, de la consistance enfin, pour faire sensation dans le monde en calomniant. Mais un Bazile ! il médirait qu'on ne le croirait pas » (II, 9). On se rappelle en effet que le maître de musique considère le langage comme une arme psychologique, dont Figaro a sans doute eu à essuyer les effets dévastateurs pendant son passé d'homme de lettres.

En fait, il excelle dans la formulation lapidaire de **critiques littéraires, sociales et psychologiques** dont il émaille ses propos, et que le spectateur attend avec délectation. Sa présence scénique, indéniable, tient à l'aisance avec laquelle il sait « envelopper » son interlocuteur : « En disputant, remarque le comte de *Le Mariage de Figaro*, il prend son avantage, il vous serre, il vous enveloppe » (III, 8). Dans *Le Barbier de Séville*, sa critique des grands se double de la caricature de la bourgeoisie, à travers le portrait chargé que le barbier fait de Bartholo. Dans *Le Mariage*, aux réflexions sur le métier de courtisan s'ajoutent les réparties, pragmatiques, sur l'existence et la condition humaine en général.

▪ La nostalgie du mérite personnel

Dès sa première apparition, Figaro se dit victime des alarmes inspirées par ses talents littéraires à son protecteur, le ministre. En fait, la société française déteste ses hommes de lettres, dont elle ne reconnaît le talent que de manière posthume. Figaro représente le **porte-parole de Beaumarchais**, qui glisse dans ses réparties de bons mots, des allusions destinées à faire rire et réfléchir son public et ses lecteurs. En effet, truffé d'allusions plaisantes, son discours rapporte la **morale sociale** de son auteur : par le truchement de formules bien frappées, il laisse entendre que dans une société hypocrite et fondée sur des rapports de puissance, mieux vaut **user d'intrigue** pour parvenir à ses fins.

Le motif du déguisement ne constitue pas un simple avatar d'un procédé venu de la farce. Il s'intègre dans la vision du monde de Beaumarchais, un auteur qui cultive le goût du masque. Les êtres revêtent de multiples apparences. Dans *Le Barbier de Séville*, cette plasticité psychologique constitue un élément dynamique du mouvement dramatique ; il sait s'adapter aux aléas du sort, qu'il se heurte aux cabales des écrivains ou à l'injustice sociale.

En effet, il a obtenu un emploi grâce à la protection d'Almaviva et l'a perdu à cause d'un ministre (I, 2). Il semble admis qu'une place se gagne grâce à des recommandations et non grâce à ses propres talents. Avec la comédie suivante, la complexité psychologique devient le moteur d'une dissociation personnelle : Figaro se découvre multiple, en proie à des interrogations existentielles complexes et variées ; il intériorise l'obstacle. Mais il dénonce aussi avec une clarté nouvelle le scandale des privilèges de la naissance : « Parce que vous êtes un grand seigneur, vous vous croyez un grand génie !... » *Le Barbier de Séville* constitue déjà une revendication de l'esprit, ou de l'intelligence. Mais, le roturier partage cet esprit avec le Grand d'Espagne, puisque Almaviva se montre à la hauteur de la noblesse... Même si Figaro se moque, *a priori*, des gens haut placés dont les productions recueillent les louanges des critiques.

■ Pour vivre heureux, vivons barbier et caché

Dans *Le Barbier de Séville*, les apparences s'avèrent trompeuses à tous les niveaux. Les noms des deux personnages principaux, Figaro et Almaviva, se trouvent doublés par un pseudonyme, Lindor, mais aussi par la référence à une condition sociale : barbier à Séville. Ce métier volontairement prosaïque trahit peut-être le rejet de la littérature ou de toute prétention à la grandeur ; peut-être symbolise-t-il aussi la nécessité de ne pas laisser soupçonner ses talents littéraires dans une société qui les méprise. Ainsi, le métier de « barbier » permettrait de vivre à couvert et en toute quiétude dans l'anonymat – on se rappelle que Figaro est un enfant trouvé ; dans *Le Mariage*, un juge lui attribue le nom d'Anonyme Figaro...

4

ÉCHOS ET CORRESPONDANCES

1 - DU *BARBIER DE SÉVILLE* AU *MARIAGE DE FIGARO*

■ *Le Mariage de Figaro*, deuxième volet de la trilogie

Avec *Le Mariage de Figaro*, Beaumarchais donne une suite au *Barbier de Séville*, comédie d'embrouille inspirée par la tradition farcesque. Dès la rédaction de sa « Lettre modérée sur la chute et la critique du *Barbier de Séville* », il imagine un « sixième acte » pour illustrer son principe de la réversibilité du comique et du tragique : une querelle s'échauffe entre le docteur et Figaro; elle déclenche une scène classique de reconnaissance où le barbier s'avère être le fils abandonné du vieux docteur, etc. La pièce pourrait se muer en drame si un ralentissement se produisait dans l'action... Beaumarchais ne définit pas de règles particulières à chaque genre : la personnalité des protagonistes, le ton et le rythme font évoluer l'intrigue vers le comique ou le tragique. Son protecteur, le prince de Conti, l'aurait mis au défi de réaliser cette suite.

Mais, accaparé par ses multiples activités, ses entreprises commerciales et l'édition des œuvres de Voltaire, il diffère son projet littéraire. En outre, il ne veut être joué que par les acteurs du Français, bien que brouillé avec eux. Il rédige sa deuxième comédie de 1776 à 1780, mais on ne sait pas grand-chose des différents états du texte. Approuvée par le censeur et acceptée par la Comédie-Française, la pièce bénéficie d'une autorisation à la représentation. L'action se situe alors en France, et le texte désigne nommément la Bastille comme le lieu d'incarcération cher au despotisme. Mais le roi en prend connaissance et émet un veto (1782) : « C'est détestable, cela ne sera jamais joué, il faudrait détruire la Bastille pour que la représentation de cette pièce ne fût pas une inconséquence dangereuse. Cet homme se joue de tout ce qu'il faut respecter dans un gouvernement. »

À son habitude, Beaumarchais reprend son texte, le remanie de manière à édulcorer les audaces les plus manifestes, mais aussi afin d'adoucir les gaillardises qui rappellent trop le théâtre de foire ainsi que les allusions trop directes à ses préoccupations économiques (comme les critiques de l'inflation galopante qui frappe l'économie française en une période de crise, etc.). Pour plus de sécurité, il situe l'action en Espagne. Il pratique des lectures publiques afin de gagner l'opinion aristocratique – preuve que les nobles étaient moins 'bornés que certains le prétendent. Mais un second censeur donne un avis défavorable.

Certains aristocrates, influents à la cour, organisent alors une représentation privée – ils en avaient les moyens et c'était la seule manière, à l'époque, de contourner les théâtres royaux. Elle a lieu le 13 juin 1783 aux Menus-Plaisirs. Mais, le soir même, l'interdiction intervient au moment où l'on s'apprête à lever le rideau. Néanmoins, on donne *Le Mariage de Figaro* devant des publics de nobles, sur plusieurs scènes privées ; elle est lue et approuvée par quatre censeurs, puis par un tribunal littéraire et mondain composé de plusieurs personnalités importantes. Le 27 avril 1784, la première représentation publique obtient un immense succès ; elle sera jouée soixante-huit fois, ce qui est considérable à l'époque.

■ Une dramaturgie libérée de ses carcans

Mené par Beaumarchais, **le travail d'autocensure** a pour effet d'accentuer le caractère symbolique du texte, et de le dégager de la gangue du fait divers. Le théâtre permet à la fois la distance et la communion : il joue une fonction de célébration mais aussi de critique, car le spectateur voit évoluer des groupes sociaux. Par nature symbolique, le théâtre généralise des situations particulières et la scène agit comme une caisse de résonance. Ainsi, *Le Mariage de Figaro* centre l'intérêt sur la personne du valet, chose parfaitement nouvelle à l'époque. Le peuple apparaît sur scène et joue le rôle de l'opinion publique à laquelle Beaumarchais eut souvent recours pour s'imposer.

Pièce à grand spectacle en cinq actes, *Le Mariage* se donne de manière explicite comme une **comédie** – le sous-titre : « Une folle journée », joue sur le registre dramaturgique et idéologique. En effet, la pièce fonctionne sur le mode allègre ; elle se situe dans une sorte de hors-temps dramaturgique, de parenthèse où toutes les folies sont permises parce que, peut-être, sans conséquence sur l'ordre social...

Beaumarchais rejette la distinction traditionnelle des genres. Il ne manifeste pas seulement une indifférence rebelle aux règles : il veut sciemment **faire « exploser » les limites dramaturgiques pour libérer les**

consciences. Il vise **un théâtre total** : la chronique de Figaro, le jeu des masques, le dynamisme de la parade, l'importance des chansons, l'ouverture de l'espace scénique ; autant de procédés qui inscrivent la scène sur le grand théâtre du monde.

▪ L'individualisation du roturier

Dans *Le Mariage,* **Figaro subit une métamorphose** : rajeuni par rapport à son âge (environ vingt-sept ans) dans *Le Barbier de Séville*, il songe à se marier avec la jolie Suzanne. Dans *Le Mariage*, il fait partie, comme concierge, de la domesticité d'Almaviva, alors que dans *Le Barbier*, il n'assume pas la fonction d'un valet. Le valet de comédie manque de charme et joue les utilités pratiques; devenu l'objet des désirs féminins, Figaro séduit Suzanne et plaît à Marceline. Cette dernière l'attaque même en justice pour obtenir réparation d'une dette contre un mariage avec elle. Cette circonstance fournit l'occasion d'une **critique de la justice** et le prétexte d'une scène de reconnaissance : Marceline n'est autre que la mère de Figaro. Doté d'une famille et d'une complexité psychologique nouvelle, il s'individualise ; il est surtout un homme, avant d'être le concierge du château d'Aguas Frescas. Il revendique le droit au bonheur, toujours obtenu par le mariage dans les comédies de Beaumarchais.

Mais redevenu le don Juan qu'il fut dans une ancienne version du *Barbier*, **le comte** songe à exercer le droit de cuissage sur **Suzanne**, la fiancée de Figaro. L'ancienne complicité des deux personnages cède la place à la rivalité. Là encore, le moteur de l'action est l'amour qu'un mariage finit par sanctionner. Mais alors que dans *Le Barbier*, le mariage d'Almaviva ressemblait à une union abstraite réalisée dans un cadre bourgeois, dans *Le Mariage*, celui de Figaro doit se conquérir dans un espace aristocratique, lieu de parade et d'ostentation sociale dominé par le comte. Figaro n'est plus le confident de son maître ; il perd la maîtrise de l'action car les femmes mènent l'intrigue.

En effet, face au déclin du duo formé par le maître et le valet, *Le Mariage de Figaro* promeut **le couple de la maîtresse et de sa femme de chambre**. Devenue la comtesse Almaviva, Rosine gagne en profondeur et en dignité ; elle frôle le pathétique. Elle regrette le temps où son mari lui manifestait une tendresse qu'il semble avoir oubliée. Grâce à la complicité de Suzanne, elle parvient à déjouer les pièges de la jalousie. Au dénouement, elle se déguise et se fait passer pour sa femme de chambre pour triompher de l'infidèle Almaviva. Cette confusion entre les deux femmes n'est possible que grâce à la promotion de la roturière devenue dame de condition. Dans les pièces de Marivaux, en revanche, même déguisées, les servantes ne font pas illusion et nul ne pourrait les prendre pour leurs maîtresses.

■ Des personnages complexes, voire ambigus

En quelques huit années de gestation, l'œuvre connaît des **remaniements** qui retentissent sur la cohérence de certains caractères – ainsi, Marceline, la mère de Figaro, évolue de la mégère à la féministe pathétique : elle déplore le sort indigne fait aux femmes dans une société qui méprise leurs moindres faiblesses, et légitime le libertinage masculin. Ce plaidoyer prêtait à contestation et les comédiens avaient commencé par le supprimer.

En fait, le jeu conscient et voulu sur **les ambiguïtés psychologiques** traduit à la fois la volonté de détourner les foudres de la censure, et le désir de mettre la dramaturgie au service d'une nouvelle conception du personnage. La comtesse est une épouse **fidèle mais troublée** par le jeune homme qu'elle va aimer dans la pièce suivante, *La Mère coupable*; le comte est un séducteur jaloux de son honneur conjugal; Chérubin est un adolescent « sans conséquence » mais aussi un amant potentiel et un rival possible du comte. Libertin, lassé de sa femme, le comte n'en subit pas moins les contradictions de la jalousie, autrefois apanage de Bartholo.

Les caractères deviennent plus complexes, plus subtils, mais l'imbroglio, la rapidité de l'action masquent l'interrogation sur soi. Quand le mouvement se ralentit, le drame affleure. Ainsi, dans son célèbre monologue, Figaro exprime les incertitudes du cœur confronté aux aléas de l'infortune. Il **s'interroge sur son identité** : qu'est-ce que l'homme perdu dans l'univers ? En butte à l'incompréhension de soi par soi, à l'absence de communication avec autrui, aux persécutions des privilégiés dont rien ne légitime l'autorité, des censeurs qui interdisent la liberté de pensée et de mouvement... Le rire final permet d'occulter ces interrogations multiples ainsi que l'opposition des intérêts, la divergence entre le maître et le valet.

▪ La critique des relations de pouvoir abusives

Au-delà des ambiguïtés savamment entretenues, une constante demeure : la dénonciation d'un pouvoir que rien, nul principe moral, ne légitime. Seule la loi du plaisir personnel – l'érotisme du maître seul - fait loi. Beaumarchais remet en question la **prédominance des intérêts particuliers sur l'intérêt général** et la perte de tout principe d'autorité, qu'il relève ou non du transcendant. Le droit de cuissage remonte à la féodalité et son application transformerait les êtres en objets d'échange dénués de volonté propre.

Sous une allure très enlevée et riante, *Le Mariage de Figaro* produit de multiples critiques ; la pièce s'attaque à la justice, aux privilèges des nobles, aux petitesses et aux contradictions des hommes. Elle laisse aussi entendre que la révolte contre les abus est légitime... là se situe l'ambiguïté chez un auteur qui pratiqua la vengeance personnelle de l'insulte en recourant à l'opinion publique, mais qui, de la sorte, donna aussi l'exemple aux révolutionnaires.

▪ *La Mère coupable* : le retour au drame et au réel

Chez Beaumarchais, le comique est comme en suspens au-dessus du drame – la critique littéraire Anne Ubersfeld parle « d'un balcon sur la Terreur ». Déjà, dans *Le Barbier*, Figaro affirme : « Je me presse de rire de tout, de peur d'être obligé d'en pleurer. » L'auteur de la *Lettre modérée* soulignait combien il est facile de glisser du rire aux larmes, du sérieux au tragique. À la franche gaieté du *Barbier* succède *Le Mariage*, qui s'achève sur des chansons, masquant la crise latente sans la résoudre. Puis les deux comédies sont suivies d'un drame : *La Mère coupable* (1792), comme un **rappel au principe de réalité**. L'adultère se trouve alors confronté à ses suites naturelles : les naissances illégitimes, en l'occurrence celle du comte, ainsi que celle du fils que la comtesse a eu avec Chérubin, jeune adolescent dans la comédie précédente. Avec ce drame, l'auteur voulait « faire verser des larmes à toutes les femmes sensibles ». Loménie résume ainsi le sujet de cet autre *Tartuffe* ou *La Mère coupable* :

> « Dans l'épouse infidèle s'attacher surtout à mettre en relief la mère coupable, peindre une femme douée de sentiments honnêtes qui, pour un seul jour de faiblesse, vainement racheté par des années de repentir et de vertu, voit son existence toute entière abîmée, son

repos à jamais troublé, et non seulement son repos, mais celui de tout ce qui l'entoure... »

Sorte de pièce à thèse mise au service de la morale, de la dénonciation de l'hypocrisie, *La Mère coupable* sombre dans un pathétique outré.

2 - LE VALET DE COMÉDIE ET SON MAÎTRE

Duo ou duel, le couple comique formé par le valet et son maître jette le doute sur la légitimité des conventions sociales. En effet, l'un ne va pas sans l'autre dans ces histoires toutes centrées sur les amours, souvent vénales, du maître lui aussi dominé par la loi égalisante de l'amour. Le couple recèle un potentiel critique et libertaire car, d'Aristophane à Molière, le valet complète le maître ; il affiche parfois une attitude tranquillement amorale et incarne souvent des vices caractéristiques de l'humain en général.

Mais il faut attendre le XVIIIe siècle, le Jacques de Diderot et, plus encore, le Figaro de Beaumarchais, pour que le bon sens du domestique devienne une arme contre les abus de pouvoir des Grands. Dans *Les Confessions,* Rousseau se décrit, lui aussi, comme un roturier qui reste conscient de la bassesse de sa condition mais qui sait parfois s'en venger grâce à son intelligence. Au XIXe siècle, le Ruy Blas de Hugo héritera de ses aînés ainsi que du bouffon shakespearien. Fils du peuple, autodidacte, il se révèle incapable d'assumer dans les faits **la mort symbolique du maître**, autrement dit de l'autorité politique et morale : la révolution affranchit les hommes et leur donne une instruction qui, en l'occurrence, les transforme en rêveurs idéalistes. Mais la société ne leur donne pas les moyens de se réaliser en toute liberté.

■ Histoire d'un mot : le rapport de dépendance

D'après le dictionnaire étymologique de Bloch et Wartburg, le mot VALET vient d'une forme reconstituée **vassellittus*, double diminutif du mot celtique *vasso*, qui est également à la base de **vassal** et qui **insiste sur le lien de dépendance**. Le terme apparaît dans le vocabulaire français au XIIe siècle. Il signifie, au propre : « jeune noble, écuyer au service d'un seigneur », d'où « jeune garçon », sens fréquent au Moyen Âge ; le sens moderne s'est développé dès le XIIe siècle ; voici ce qu'en dit Pasquier : « Valet anciennement s'adoptait fort souvent à titre d'honneur près des rois... et maintenant le mot de valet se donne dans nos familles à ceux qui entre nos serviteurs sont de moindre condition. » On a dit d'abord *vaslet*, d'où une forme *varlet*, conservé dans la langue littéraire au sens premier du mot.

En ancien français, le terme valet, plutôt neutre, désigne donc :

1. un jeune homme non encore armé chevalier, page, écuyer ;
2. un jeune homme en général ;
3. un enfant mâle, garçon ;
4. un aide du maître, un apprenti ;
5. un domestique (XIIe siècle).

De nos jours, un dictionnaire comme le Robert donne comme anciennes les deux acceptions suivantes : « Écuyer au service d'un seigneur ; officier d'une maison princière, royale », et « Domestique ». Le mot désigne aussi des objets, une carte à jouer ou bien divers appareils, pièces ou dispositifs destinés à faciliter un travail. Quoi qu'il en soit, aux XVIIe et XVIIIe siècles, le terme VALET désigne un « bas domestique ».

▪ L'esclave débrouillard dans la comédie grecque

Le terme COMÉDIE vient du grec *comos*, joyeux défilé de convives chantant et dansant à l'issue d'un banquet. Aristote répertorie les différentes formes littéraires de son temps : il définit la comédie comme « une imitation d'hommes sans grande vertu – non qu'elle traite du vice dans sa totalité, puisque le comique n'est qu'une partie du laid. Le comique tient en effet à un défaut et à une laideur qui n'entraînent ni douleur ni dommage : ainsi par exemple un masque comique peut être laid et difforme sans exprimer de douleur » (*Poétique*, chapitre V). La farce grossière, souvent indécente et bouffonne, se développe dans le Péloponnèse avant que, en Sicile, Épicharme de Syracuse (530-440 environ) ne lui confère une forme littéraire en lui donnant pour moteur l'opposition de deux partis, et en parodiant les genres nobles, comme l'épopée. Aristophane (né vers 450-455 av. J.-C.) s'inspire de sujets venus de la farce dorienne, elle-même issue du culte de Dionysos, et d'une forme empruntée à la tragédie ; il prend, entre autres, pour cible les hommes politiques et se moque avec une délectation provocatrice des grands auteurs classiques.

Mais c'est avec Ménandre (né vers 341-342 av. J.-C.) qu'apparaît le SERVUS, un esclave rusé, ancêtre de Scapin. En effet, l'époque, celle de la Comédie nouvelle ou *Nea*, est à la censure politique, et les auteurs se gardent bien de lancer des attaques aussi virulentes que les diatribes aristophanesques. La critique de la société se déroule alors dans un contexte moins dangereux et cristallise les rapports d'autorité familiaux : les relations du mari et de l'épouse, du père et du fils, du maître et du valet... Le moteur de l'action est toujours l'amour contrarié d'un jeune premier falot qui délègue les pouvoirs de l'action à un serviteur entreprenant, et susceptible d'atténuer les effets de son opposition à son père.

▪ L'esclave amoral dans la comédie latine

Le schéma de la comédie n'évolue guère au cours des siècles : les mêmes données de base se retrouvent dans la comédie latine, illustrée surtout par Plaute (254-184 av. J.-C.) et Térence (190-159 av. J.-C.). Dans leurs pièces, des esclaves ingénieux et impudents apparaissent comme des hommes à tout faire, prêts à tout risquer pour favoriser les projets de leurs jeunes maîtres et, du même coup, leurs propres intérêts. Ils nouent une relation forte, double et ambiguë avec leurs maîtres : au rapport d'opposition avec le père s'ajoute la complicité avec le fils, proche de la relation du maître et de l'esclave, analysée bien plus tard par Hegel, philosophe allemand du XIXe siècle. En effet, le maître se définit dans son rapport de domination avec l'esclave, dont l'existence lui devient nécessaire pour s'affirmer. Les esclaves des comédies latines anticipent cette analyse dialectique...

En fait, lors des Saturnales (sorte de carnaval romain), ils prenaient la place de leur maître. Leur conduite dans les pièces de théâtre rappelle cette inversion des rôles mais non des valeurs, puisque **le rêve du valet consiste à devenir le maître** dont il dénonce les errements pour mieux les singer. Quant aux jeunes maîtres, ils ne nourrissent pas vraiment d'amours idéales : ils succombent, en général, aux charmes de jeunes courtisanes et hésitent à affronter directement les exigences pécuniaires de leurs souteneurs ou de leurs maquerelles. Totalement amoral, l'esclave se livre à cette besogne d'entremetteur. À cette époque, l'expression SERVUS CURRENS désigne un « esclave courant », autrement dit, arrivant sur scène tout essoufflé, sans reconnaître personne et débitant avec précipitation une tirade destinée à faire rire. Cependant, dans les comédies romaines, l'esclave fait partie de la famille au sens large ; il joue le rôle d'un adjuvant efficace sans assumer une quelconque revendication humaniste ou politique.

■ Histoire d'un rôle : les valets de la tradition

La comédie italienne exploite le schéma de la comédie latine. Elle fonctionne sur la base de canevas très lâches sur lesquels les acteurs improvisaient. Les valets, comme les clowns, forment des couples de **Zannis**, abréviation de Gianni, lui-même diminutif vénitien de Giovanni ou Jean en français. Comme, bien plus tard, dans le roman, San Antonio et Bérurier, ou, au cirque, le clown blanc et l'Auguste, ou au cinéma, Laurel et Hardy, ou encore dans la bande dessinée, Astérix et Obélix. L'un des Zannis est **un valet débrouillard** qui mène les fils de l'intrigue à force d'astuce et d'aptitude au rebondissement ; à l'inverse, souffre-douleur et victime, l'autre Zanni incarne **le bouffon**, double balourd, gourmand, paresseux et inculte du précédent.

Dans les grandes comédies classiques, l'auteur ne saurait exploiter le comique vulgaire du théâtre de la foire. Molière dissocie le couple formé par les deux Zannis dans la commedia dell'arte. Dans ses pièces, s'instaurent des rapports de domination ou de complicité entre le maître et le valet. Le valet fourbe s'appelle Mascarille, Scapin ou même Toinette (*Le Malade imaginaire*), ou Dorine (*Tartuffe*), car l'auteur n'est pas misogyne et ses soubrettes possèdent un franc-parler et un réalisme très féminins. Par ailleurs, dans *Dom Juan*, son Sganarelle voue une admiration fascinée, parce qu'horrifiée, à dom Juan ; il représente le type du valet borné.

■ Qu'est-ce qu'un maître ?

D'après Bloch et Wartburg, le latin *magister*, au propre « celui qui est au-dessus », (en italien *maestro*), supplante partout – comme nom commun – les représentants du latin classique *dominus* « maître d'une maison, propriétaire », qui a subsisté comme titre honorifique. Dans la langue française, le terme est attesté dès *La Chanson de Roland* (1080). Au Moyen Âge, il désigne :

1. maître par opposition à un disciple ;
2. à un compagnon ;
3. docteur, médecin ;
4. maistre le roi = maire du roi, majordome ;
5. maître d'école ; scolastique d'un chapitre ;
6. sorcier, enchanteur.

À l'époque classique, Richelet (1680) donne l'acception suivante : « Celui qui a fait son apprentissage en quelque métier et qui après avoir fait un chef-d'œuvre approuvé est reçu. » Pour Furetière (1690), *Maître es arts* désigne « Celui qui a des lettres » de licence « d'une Université pour pouvoir enseigner la rhétorique, la philosophie , etc. ». « C'est en ce sens qu'on a donné aux avocats, aux docteurs, aux magistrats, aux prêtres, le titre de *Maître*, comme *Maître Charles du Moulin*, *Maître René Choppin*, etc. C'est une qualité qu'on joint toujours avec les noms propres et les surnoms... Aux artisans, marchands, serviteurs principaux, etc., on donne la qualité de maître joint à leur nom propre seulement, sans y mettre leur surnom comme on fait aux avocats. *Maître Pierre. Maître Jean le savetier* ».

De nos jours, le Robert donne essentiellement :

I. Personne qui exerce une domination.

II. Personne qualifiée pour diriger.

Ainsi, le *maître* détient soit un pouvoir, soit une autorité de diverses natures. En fait, tout le problème réside dans la **nécessité idéale d'identifier l'homme de pouvoir avec l'homme qui maîtrise une compétence**, ce qui légitime donc son autorité.

■ Le *Dom Juan* de Molière : l'horrible fascination pour le désordre

Dans la comédie de Molière, **dom Juan** incarne une figure complexe de libertin, à la frontière entre le libertin érudit – qui revendique sa liberté de penser, d'aimer et de se mouvoir – et l'individu amoral qui méprise la morale sociale. En effet, au nom de la loi naturelle, il dénonce l'ordre social tout entier, ordre qui se fonde sur la hiérarchie des subordinations : c'est l'ennemi de tout système. Incarnation du désordre, il affirme la force du désir polymorphe, de ce désir profondément asocial que réprouve l'ordre de la loi, fondé sur l'organisation de la famille. Il ne peut que rejeter ce qui n'est pas conforme à sa propre loi : celle qui consiste à se référer à lui seul.

Dom Juan se veut souverain absolu, l'égal d'un dieu, de ce dieu que Molière représente dans *Amphitryon* de manière aimable. Il ne reconnaît d'autre autorité que la sienne, d'autre devoir que ce qu'il croit se devoir à lui-même. **Noble décadent**, il ne connaît que la loi de sa conquête amoureuse – ce qui constitue à la fois une revendication individualiste et une dégradation de l'idéal noble. Par voie de conséquence, il transforme le privilège aristocratique en exigence personnelle : au lieu de chercher à se dépasser, il ne songe plus qu'à satisfaire un plaisir sans consistance, uniquement tributaire d'un obstacle. À travers cette figure emblématique, l'auteur dénonce les conséquences de la féodalité qui se prétend au-dessus des lois pour satisfaire des ambitions bien peu nobles. On est bien loin des maîtres de Marivaux ou du premier Almaviva, celui du *Barbier*, plutôt soucieux de trouver le bonheur dans l'amour et le mariage. Quant au *Mariage*, il traduit l'utopie d'un libertinage non oppressif. Le comte y incarne le libertinage à l'état de menace latente, encore réprimée, comme l'explosion pubertaire de Chérubin, qualifié par Suzanne de « morveux sans conséquence ». À l'inverse, le dom Juan de Molière est un homme séduisant mais pas jouisseur. Être du défi, il renvoie aux autres le miroir de leurs désirs censurés par leur morale sociale.

Aussi **Sganarelle**, son valet, incarne-t-il un personnage grotesquement falot, fasciné par ce maître beau parleur qui le confronte à ses propres contradictions et qu'il tente, en vain, de singer. Ainsi, le valet admire ce maître dont il prétend subir les volontés. L'ultime avatar du dom juan moliéresque consisterait à verser dans la tartuferie, pour mieux maîtriser les ressorts de la psychologie dominante. Dans ses *Morales du grand siècle*, Paul Bénichou met en perspective **la relation du maître et du valet** avec le rapport entretenu par **les hommes et les dieux**. Il souligne le parallèle possible entre les Grands, tel dom Juan, et les dieux, comme le Jupiter d'Amphitryon :

> « Le jeu qui consiste à juxtaposer sans cesse, dans toutes les situations possibles, amour, bonheur, infortune, les réactions des valets à celles des maîtres n'est pas seulement un procédé traditionnel de la comédie. Le rapprochement des deux conditions et leur opposition constante appartenaient à la vie. À la vie sociale, dominée quotidiennement par les différences de qua-

> lité ; à la vie morale et poétique, toute entière influencée par l'image du demi-dieu noble. »

À l'époque classique, la comédie donne donc à voir ce qui semble interdit, sauf en période de carnaval (comme dans les Saturnales latines) : le désir du valet d'imiter le maître, voire de s'identifier à lui. Cette interprétation rend compte du fossé infranchissable qui se creuse entre les maîtres et les valets, au XVIIe siècle, mais aussi au XVIIIe siècle. En effet, récusant de la sorte les comédies de Marivaux, son contemporain, très souvent fondées sur cet effet de miroir, Voltaire blâmait positivement cette pratique : « Ces scènes, écrivait-il, où les valets font l'amour à l'imitation de leurs maîtres sont enfin proscrites du théâtre avec beaucoup de raison. Ce n'est qu'une parodie basse et dégoûtante des premiers personnages. » Nous sommes bien loin de la revendication sentimentale de Figaro, qui, dans un tel contexte, peut paraître provocatrice.

▪ Scapin : un acrobate fin matois

Le titre même des *Fourberies de Scapin* souligne la promotion du valet au niveau du metteur en scène de l'action. En italien, le verbe *scapare* signifie « s'échapper », et le nom de Scapin en dérive, laissant entendre à quel point le personnage sait s'éclipser avec adresse pour éviter les situations délicates. Et, en effet, le protagoniste de Molière domine la scène par l'intensité de sa présence, plus que par la durée de ses apparitions. Doué d'un « abattage » stupéfiant, il hérite de ses ancêtres antiques une souplesse et une vitalité peu communes. Montreur de foire infatigable, il distribue les coups de bâton, il enferme son vieux maître, Géronte, dans un sac, il surgit là où on ne l'attend pas... Mime, imitateur, peureux, intrépide, **il incarne la fourberie** à l'état pur. Il ouvre la voie à la revanche du naturel sur la convention sociale mais aussi au théâtre pour le théâtre. En ce sens, il anticipe à la fois la figure de Figaro et la dramaturgie de Beaumarchais.

▪ Le couple maître-valet dans l'œuvre de Marivaux

Au siècle suivant, **Marivaux** peint la surprise de l'amour ; autrement dit il saisit le moment où l'homme est surpris par la passion. Expression du trouble sensuel, l'amour traduit les exigences de la nature ; mais il se vit en fonction des conventions sociales, qui inspirent un code sentimental en imposant aussi des préjugés souvent en opposition avec les affects. Le sentiment renvoie l'homme, être social et naturel, à sa dualité. Le combat s'intériorise alors car le personnage doit admettre que ses propres préventions sont vaines. Pour Marivaux, la lucidité reste un projet, et l'ambition de sincérité, une prétention arrogante, car qui peut se vanter de détenir la vérité ? Pour lui, il s'avère très difficile de faire le départ entre l'artifice et le naturel. Le terme de marivaudage renvoie à ces jeux psychologiques où, du mensonge et du double jeu sort la vérité des sentiments.

Les *Fausses confidences* prennent la parole même pour objet : la pièce met en scène les masques que peut revêtir un langage à double sens, car les personnages trahissent un désir qu'ils ne veulent pas admettre. En effet, la scène se passe chez la mère d'Araminte, jeune et riche veuve sur le point d'épouser un comte. Jeune bourgeois désargenté, Dorante bénéficie de l'aide de son ancien valet, Dubois, déjà dans la place, pour se faire engager chez Araminte qu'il aime sans vouloir le lui dire. Il veut qu'elle tombe amoureuse de lui et qu'elle triomphe de ses propres préjugés sociaux pour épouser un homme de belle allure mais de peu de fortune. Valet subtil, voire pour certains critiques, ambigu, dans la mesure où il ménagerait ses propres intérêts, Dubois mène l'intrigue en coulisse de manière à forcer les résistances psychologiques d'Araminte. Tout se finit par un mariage, étant donné que Dorante appartient à la même catégorie sociale et psychologique que sa maîtresse.

Dans *Le Jeu de l'amour et du hasard* (1730), Marivaux reprend un sujet traditionnel : la jeune Silvia n'a pas envie de se marier avec le jeune homme que lui destine son père ; elle demande la permission de prendre la place de sa servante pour mieux observer son promis, qui, de son côté, pratique le même échange. Au cours de la pièce, l'ignorance et la vulgarité du valet, héritier des Arlequins stupides, offusque Silvia, qui se sent attirée par le maître, déguisé en domestique. Au début, elle ignore que son futur mari s'est déguisé comme elle ; quand elle apprend son identité, elle le conduit à lui avouer son amour pour elle sans se démasquer. Par ailleurs, les deux domestiques nouent une relation beaucoup plus rapide que leurs maîtres.

À l'inverse de ce qui se passe au dénouement du *Mariage de Figaro*, il s'avère **impossible de confondre une servante avec une dame de la bonne compagnie**. Ainsi, la condition sociale forge un tempérament et détermine des affinités entre les êtres ainsi qu'une manière de les exprimer et de les vivre. *Le Jeu de l'amour et du hasard* exploite la différence sociale pour mieux dessiner un jeu de miroirs et opérer un retour à la situation antérieure. Cette forme de conservatisme valut à Marivaux de ne pas être apprécié des philosophes des Lumières.

5

ANNEXES

1 - LES CONDITIONS MATÉRIELLES DE LA REPRÉSENTATION AU XVIIIe SIÈCLE

■ Les différents théâtres

Au XVIIIe siècle, seuls trois théâtres sont permanents : à **l'Opéra**, se donnent des opéras et des ballets. **La Comédie-Française** se spécialise dans la représentation de tragédies, de comédies élevées et, enfin, de drames. Elle a pour vocation de conserver le patrimoine dramatique ; mais au cours du XVIIIe siècle, les pièces classiques remportent de moins en moins de succès : le public se lasse de sujets qu'il connaît trop bien. Chassée en 1697 par Louis XIV sous l'influence de la très prude Mme de Maintenon, et rappelée par le Régent en 1716, **la Comédie-Italienne** réunit des acteurs marquants qui influencent des auteurs comme Marivaux, Diderot et Beaumarchais. Ils ne dédaignent ni les improvisations de la commedia dell'arte ni les grandes pièces ; rappelons que *Le Barbier de Séville* devait, à l'origine, être monté aux Italiens avant d'être donné à la Comédie-Française. Le pouvoir royal subventionne ces trois théâtres ; l'interdiction de la tragédie édictée, au XVIe siècle par la superstitieuse Catherine de Médicis, et l'intérêt actif déployé par Richelieu ainsi que Louis XIV témoignent de l'influence notable exercée par le politique sur le théâtre. Il faut attendre 1759 pour voir s'ouvrir le premier **théâtre privé** ; Beaumarchais fit représenter plusieurs de ses œuvres chez Lenormand d'Étioles (voir biographie).

Le **théâtre de foire** se donne deux fois par an, environ en février et mars, puis en août et en septembre. Il acquiert une importance grandissante : les troupes de la Comédie-Italienne (de 1721 à 1724), puis de l'Opéra-Comique (1752), s'installent dans la salle réservée aux forains. La place coûte aussi cher qu'à la Comédie-Française ; les prix élevés induisent une sélection sociale : le public se compose de nobles et de bourgeois qui s'encanaillaient, incognito, dans les foires populacières. Ces succès expliquent les conflits avec les théâtres réguliers. Issu du théâtre de la foire, **l'Opéra-Comique** réunit des acteurs qui peuvent chanter et danser. En 1762, il fusionne avec les Italiens, menacés par la ruine ; en 1783, la troupe s'installe à la salle Favart et propose des comédies légères, des opéras-comiques et des vaudevilles. Empreint du réalisme de la farce, ce genre de spectacle exploite les ressources du comique populaire ; après l'expulsion des Italiens, les forains reprirent aussi en partie leur répertoire. Pour séduire le public et inciter à assister au spectacle, les comédiens interprétaient des parades : sortes de « bandes annonces » publicitaires, ces spectacles gratuits reposaient sur un canevas peu contraignant et laissaient libre cours à l'improvisation.

Au début du XVIIIe siècle, **la parade** attire un public de plus en plus nombreux et diversifié. Apparaît ensuite la parade littéraire, qui multiplie les situations scabreuses et les allusions libertines. Elle s'inscrit dans la tradition de la farce française et de la commedia dell' arte. Des auteurs de talent, comme Lesage, s'intéressent à ce genre de spectacle, donné, dès 1711, en société. Beaumarchais ne fera pas exception. *Le Barbier de Séville* hérite, notamment, de ce type de théâtre : l'importance accordée à la jalousie, la fenêtre sévillane, rappelle, entre autres connotations, le balcon où se produisaient les interprètes des parades, entre la scène et le public ; en outre, les déguisements de l'amoureux empêché de réaliser son projet constituent un stéréotype du théâtre de foire. « Ce qui est hors de doute, affirme René Pomeau (voir biblio., p. 26), c'est que **Beaumarchais apprit par la pratique de la parade son métier d'auteur dramatique**. Il trouvait dans ce genre épicé un comique à son goût. Il l'épurera par la suite, mais sans renoncer tout à fait à ses gaîtés assez faciles. Un contemporain notera que dans *Le Barbier de Séville* nommer La Jeunesse un valet croulant de décrépitude, et L'Éveillé un autre qui bâille à longueur de scènes, "tient un peu de la parade" ».

▪ La salle, le metteur en scène et l'acteur

Au XVIIIe siècle, les salles de spectacle sont très incommodes. Pour exemple, au fond de la Comédie-Française se trouve un amphithéâtre avec trois étages de loges ; au centre, le parterre est constitué par un plan incliné, appelé « talus », où les spectateurs – dont les femmes sont exclues –, se tiennent debout, très à l'étroit en cas de succès. Depuis 1759 et grâce à Voltaire, il n'y a plus de spectateurs sur scène. L'éclairage demeure insuffisant. **La fonction de metteur en scène n'existe pas**.

Beaumarchais s'est montré très sensible à la mise en scène et ses pièces revêtent un **caractère visuel** lié à l'esthétique du tableau vivant, très à la mode à son époque, mais aussi au jeu des déguisements issu de la tradition comique ainsi que de la veine baroque. Dans toutes ses pièces, il accorde une grande importance aux descriptions des personnages et des décors ; il indique les jeux de scène nécessaires à la poursuite d'une action très calculée où, surtout dans les comédies, péripéties et rebondissements s'enchaînent avec une rapidité époustouflante.

Dans son *Paradoxe sur le comédien*, Diderot distingue deux types d'acteurs : le comédien de nature, qui joue « d'âme », en exprimant ses sentiments, sa personnalité ; tributaire de ses impressions par nature variables, il manque donc de régularité. Et à l'inverse, « l'imitateur » qui fait naître l'émotion tout en maîtrisant sa propre sensibilité. Pour bien jouer un sentiment, il ne faut pas l'éprouver mais en maîtriser les ressorts. Mais cette analyse relève d'un cadre théorique ; en fait, à cette époque, certains comédiens continuent à déclamer tandis que d'autres préfèrent adopter un ton naturel. Dédaignant toute direction et toute coordination, les acteurs choisissent leur façon de dire leur texte ainsi que leur habillement.

Beaumarchais n'hésitait pas à leur faire des remontrances, car ils affichaient une superbe arrogante. En effet, **depuis 1757, les Comédiens français jouissaient d'un statut privilégié** (à l'inverse des Comédiens italiens ou de la Foire), et retiraient le plus grand bénéfice de la recette dont les auteurs ne percevaient que le neuvième. En dessous d'une certaine rentrée, la pièce ne rapportait plus rien à l'auteur - il était facile aux comédiens de faire tomber une pièce pour en récupérer tous les profits. En somme, et on ne le sait peut-être pas assez à cause du préjugé qui frappe la condition de ces « histrions », « partout méprisés », comme le prétend Rousseau dans sa *Lettre à d'Alembert sur les spectacles*, ils deviennent les maîtres de la situation.

Ils tentent de priver de ses bénéfices l'auteur du *Barbier*. Ce dernier demande des comptes - procédé considéré comme un affront par les comédiens qui, pourtant, présentaient des mémoires très approximatifs. Le 3 juillet 1777, Beaumarchais réunit quelques auteurs excédés par les procédés des comédiens. Il crée la *Société des auteurs dramatiques* pour conserver les droits de ses œuvres. Mais il faudra attendre le 13 janvier 1791 pour que la Constituante supprime les privilèges des Comédiens du Roi et reconnaisse par décret le droit de regard de l'écrivain sur ses textes. Enfin, mentionnons **l'importance de la « claque »**, autrement dit du groupe des « battoirs », qui frappaient des mains ou tapaient des pieds pour faire tomber une œuvre. Figaro accuse une cabale de rivaux pour expliquer la chute de sa pièce.

▪ Calendrier des représentations du *Barbier de Séville* au XVIIIe siècle

1774

23 février : échec total à la Comédie-Française. La distribution était la suivante : Préville (Figaro) – Mlle Doligny (Rosine) – Bellecour (Almaviva) – Augé (Basile) – Bouret (le Notaire) – des Essarts (Bartholo) – Dugazon (La Jeunesse).

26 février : triomphe à la Comédie-Française. La distribution était la suivante :

14 mars : représentation à la Cour, avec *Les Précieuses ridicules.*

1er avril : publication de la critique de la pièce dans le *Journal encyclopédique* de Bouillon.

30 mai : 1re impression achevée.

Fin juillet : 1re édition avec la *Lettre modérée*, rédigée après la seizième représentation du *Barbier de Séville*.

1775: 27 représentations publiques; sur scène à Bruxelles également.

1776 : 5 représentations publiques dont deux à la Cour - traduction anglaise, adaptation allemande.

1781 : plus de 50 représentations à Saint-Pétersbourg.

1782 : opéra de Paisiello, *Il Barbiere di Siviglia*, créé à Saint-Pétersbourg – joué en français en 1784, adaptation de Framery.

1785 : « (...) la recette de la représentation du dixième anniversaire (23 février 1785) est supérieure à celle de la première » (voir bibliographie, Jacques Schérer, p. 35).

1786 : Préville cède le rôle de Figaro à Dazincourt.

1816 : l'opéra de Rossini est créé à Rome – joué trois ans après à Paris. Le livret est assez éloigné du texte de Beaumarchais – hormis la tirade de la calomnie.

■ Fortune de la pièce

Jusqu'au lendemain de la Commune, en 1871, Beaumarchais eut une réputation sulfureuse dans la bonne société. L'impératrice Marie-Thérèse d'Autriche commenta ainsi sa victoire sur Goëzman : « Toutes les plus respectables choses deviennent sujet de railleries. » Louis XVI prononça sur l'auteur du *Mariage de Figaro* le jugement suivant : « Cet homme se joue de tout ce qu'il faut respecter dans un gouvernement. » Avec quelque légèreté, Danton lui attribue la chute de l'aristocratie : « Figaro a tué la noblesse. » Et, à Sainte-Hélène, Napoléon remarque : « Sous mon règne un tel homme eût été enfermé à Bicêtre. On eût crié à l'arbitraire, mais quel service c'eût été rendre à la société ! » Pour des raisons politiques, la censure s'exerça surtout sur cette deuxième comédie, et plus spécialement sur le fameux monologue de l'acte V.

Mais les critiques littéraires n'étaient pas en reste pour dénoncer le caractère licencieux et l'absence d'intérêt des comédies de Beaumarchais, auxquelles le public réservait cependant un triomphe jamais démenti. Geoffroy qualifiait *Le Mariage* d'« ample magasin de sornettes, qui sera prochainement oublié ». Quant à Jules Janin, il l'exécutait sans nuance : « Les longues comédies licencieuses de Beaumarchais toutes ridées font mal à voir, comme le vice quand il est devenu pauvre et vieux. »

La sensibilité moderne s'est éloignée du drame sérieux et de la définition de l'émotion qui le caractérise. Mais *Le Barbier de Séville* et, surtout, *Le Mariage de Figaro*, ouvrent la voie au théâtre moderne. Victor Hugo place Beaumarchais sur un pied d'égalité avec Shakespeare, dramaturge anglais qui exerce une profonde influence sur le drame romantique. Sous la IIIe République, *Le Barbier* et *Le Mariage* accèdent au rang de classiques. Anticipant l'identification de Cyrano de Bergerac avec le Français, éternel second mais talentueux, Figaro incarne l'esprit français. Il triomphe au début du siècle, survit au purgatoire des années 30 ainsi qu'à la censure du régime mussolinien. Depuis, *Le Mariage de Figaro* s'est imposé sans démentir son succès.

2 - LEXIQUE DE BEAUMARCHAIS

A

Aimable, adj. substantivé : capable d'inspirer l'amour ; au cours du XVIIIe siècle, atténuation du sens primitif : qui plaît, élégant et galant.

Alcade, nom masc. : nom donné au juge en Espagne.

B

Bachelier, nom masc. : étudiant.

Bonhomme, nom masc. : « brave homme », expression affectueuse ; peut parfois désigner un vieillard inoffensif.

C

Cabale, nom fém. : dans la tradition juive, interprétation de l'Ancien Testament par des initiés – science occulte permettant de communiquer avec des esprits – complot mené par un cercle d'initiés (sens du texte).

D

Dérangé, adj. : déréglé, dissipé.

F

Figure, nom fém. : « allure, silhouette » ; au cours du XVIIIe siècle, « Visage ».

Fortune, nom fém. : « chance, succès » ; au cours du XVIIIe siècle, « bonheur lié à l'argent, grosse somme ».

H

Honnête, adj. : l'honnête homme idéal est un gentilhomme alliant la culture de l'esprit et l'élévation de l'âme ; au cours du XVIIIe siècle, les valeurs sociales s'effacent au profit des seules valeurs morales.

J

Jalousie : cadre de fenêtre muni de lamelles ou de croisillons de bois qui permettent de voir sans être vu ; peut être fermée à clef.

M

Ministre, nom masc. : personne commise à l'exécution d'une tâche ; deux sens spéciaux : ministre de la foi, et fonction politique.

S

Scélérat : de SCELUS, « crime » ; criminel - scélérat corsaire : Figaro est censé être rapace et impitoyable.

3 - LEXIQUE DES TERMES DRAMATIQUES

A

Action, nom fém. : mise en œuvre de l'intrigue.

Aparté, nom masc. : réflexion émise par un personnage pour lui-même ou pour un confident complice. D'abord considéré comme naturel ; puis exploité pour ses ressources comiques sans souci de vraisemblance.

C

Commedia dell'Arte, nom fém. : comédie populaire de tradition italienne, en partie improvisée.

D

Didascalie, nom fém. : indication scénique.

Dramaturgie, nom fém. : ensemble de principes énoncés pour définir la création théâtrale, par un auteur ou par un mouvement littéraire.

E

Ellipse, nom fém. : procédé stylistique qui consiste à sous-entendre une idée.

I

Imbroglio, nom masc. : situation très embrouillée – Beaumarchais emploie la forme francisée : embrouille.

Intrigue, nom fém. : ensemble des événements qui entrent dans la progression de l'action.

M

Monologue, nom masc. : texte bref dit par un seul acteur – ce procédé ralentit le cours de l'action et Beaumarchais y recourt pour enchaîner les scènes ou les actes.

P

Palinodie, nom fém. : rétractation ou désaveu de ce qu'on a dit ou fait ; brusque changement d'opinion.

Parodie, nom fém. : imitation d'une œuvre, fond ou forme, dont on exagère les caractéristiques pour s'en moquer.

Péripétie, nom fém. : événement imprévu qui renverse les plans des personnages et entraîne un retournement de situation.

Personnage, nom masc. : être de fiction – à distinguer absolument de son auteur et à ne pas considérer comme une personne à part entière.

Protagoniste, nom masc. : personnage principal.

S

Stichomythie, nom fém. : échange dramatique bien rythmé de courtes répliques, de longueurs égales, s'enchaînant parfois l'une à l'autre.

Tempo, nom masc. : rythme de l'action.

Tirade, nom fém. : long discours prononcé par un personnage - ce procédé ralentit le cours de l'action et Beaumarchais n'y recourt que deux fois : la biographie de Figaro (I, 2), et la tirade de la calomnie de Bazile (II, 8).

Trilogie, nom fém. : ensemble de trois œuvres.

4 - BIBLIOGRAPHIE SUCCINCTE

Maurice DESCOTES, *Les Grands rôles du théâtre de Beaumarchais*, P.U.F., 1974.

Pierre LARTHOMAS, *Le Théâtre en France au* XVIIIe *siècle*, P.U.F., « Que Sais-je ? », 1980. *Le Langage dramatique*, Colin, 1972. Voir aussi l'édition Pierre Larthomas, avec la collaboration de Jacqueline Larthomas, Gallimard, « Pléiade », 1988, dotée d'un appareil critique très intéressant : introduction, chronologie, notices et appendices.

René POMEAU, *Beaumarchais ou la bizarre destinée*, P.U.F., « Écrivains », 1987. *Beaumarchais, l'homme et l'œuvre*, Hatier, « Connaissance des lettres », 1967.

Jacques SCHÉRER, *La Dramaturgie de Beaumarchais*, Nizet, 1954 rééd. 1980.

■ Recueil d'articles

Beaumarchais, revue *Europe*, n° 528, avril 1973 ; un article fort intéressant de Gérard Milhaud sur les aspects novateurs de Beaumarchais.

« Beaumarchais, *Le Mariage de Figaro* », « Analyses et réflexions sur... », Ellipses, 1985.

Le Théâtre en France, La Pochothèque, 1992.